Julian Slade
Can't with...

As re...

"Alan from 30 seconds
later agrees.

LUL commission...

J E S N W Z K K K L L L T

T w 18...

Hawker

8.. 65

Le Horla
et autres contes fantastiques

ÉTONNANTS • CLASSIQUES

MAUPASSANT

Le Horla
et autres contes fantastiques

Présentation, notes, dossier et cahier photos par
Grégoire SCHMITZBERGER,
ancien élève de l'ENS rue d'Ulm, agrégé de lettres classiques

Flammarion

**De Maupassant
dans la collection «Étonnants Classiques»**

© Éditions Flammarion, 2014.
ISBN : 978-2-0813-9583-1
ISSN : 1269-8822

SOMMAIRE

Le Horla
et autres contes fantastiques

◼ Dossier 123

Le Horla, genèse

Maupassant, de la réalité à la fiction

Guy de Maupassant naît le 5 août 1850 en Normandie, probablement à Fécamp. Il est le fils aîné de Gustave de Maupassant et de Laure Le Poittevin, une amie d'enfance de l'écrivain Gustave Flaubert (1821-1880). Ses parents ne s'entendent pas et, avec son jeune frère Hervé, il assiste à des scènes de ménage parfois violentes, qui aboutiront à la séparation du couple en 1860. D'un côté, Gustave est un homme volage, un rentier oisif plus enclin aux plaisirs qu'au travail, de l'autre, la mère de Maupassant souffre d'une pathologie mentale qui la conduit peu à peu à des états hystériques[1] et névrotiques[2]; elle s'enferme dans des pièces sombres et abuse de narcotiques[3]. Elle fera une tentative de suicide en essayant de s'étrangler avec ses cheveux.

C'est pendant sa jeunesse normande que Maupassant développe son goût de l'écriture, prenant pour mentors le poète

---

1. *Hystériques* : qui relèvent de l'hystérie, une pathologie causant des crises émotionnelles accompagnées de troubles physiques comme la paralysie ou la cécité.

2. *Névrotiques* : qui relèvent de la névrose, trouble du comportement qui a ses racines dans l'inconscient.

3. *Narcotiques* : substances qui provoquent le sommeil.

Louis Bouilhet (1822-1869) et Flaubert. Après avoir quitté sa région natale pour gagner Paris, où il effectue son droit et obtient un poste au ministère de la Marine et des Colonies (en 1872), Guy continue à fréquenter l'auteur de *Madame Bovary*. Dès qu'il le peut, il se rend chez son maître, à Croisset, non loin de Rouen, et lui fait lire ses nouveaux textes. L'écrivain confirmé conseille le jeune auteur, le corrige et lui interdit de rien publier avant de maîtriser parfaitement son art. Par ailleurs, il présente Maupassant à de grands auteurs de son temps, notamment Zola, les Goncourt et Tourgueniev[1]. Guy participe en 1880 au recueil collectif *Les Soirées de Médan*, qui fait aujourd'hui figure de manifeste du naturalisme[2] : la nouvelle qu'il y fait paraître, « Boule de suif », rencontre immédiatement le succès. Flaubert, qui meurt cette année-là, qualifie le texte de Maupassant de « chef-d'œuvre ». Désormais connu du public et de la presse, l'écrivain quitte son poste de fonctionnaire et participe à plusieurs journaux, où il publie des contes, des nouvelles et des chroniques. Plus tard, jugeant la démarche des naturalistes trop systématique, Maupassant prend ses distances avec ces auteurs dont l'engagement politique, moralisant à l'excès, est devenu pesant pour lui, qui rêve d'horizons plus larges. Une citation célèbre de la préface de *Pierre et Jean* (1887) révèle le parti pris esthétique défendu par le fils spirituel de Flaubert :

---

1. *Émile Zola* (1840-1902), écrivain et journaliste français, auteur de la série *Les Rougon-Macquart* qui comprend notamment *L'Assommoir* et *Germinal*. *Edmond* (1822-1896) *et Jules de Goncourt* (1830-1870) : écrivains français, auteurs de *Germinie Lacerteux*. *Ivan Tourgueniev* (1818-1883) : écrivain, nouvelliste et dramaturge russe, auteur de *Père et fils* (1862).
2. *Naturalisme* : mouvement dans lequel se reconnaissent les auteurs qui cherchent à donner une image fidèle de leur société, en suivant une démarche scientifique et en se documentant très précisément sur les sujets qu'ils abordent. Émile Zola est le chef de file de ce mouvement, auquel appartiennent également les Goncourt.

«Faire vrai consiste [...] à donner l'illusion complète du vrai, suivant la logique ordinaire des faits, et non à les transcrire servilement dans le pêle-mêle de leur succession. J'en conclus que les Réalistes de talent devraient plutôt s'appeler des Illusionnistes[1].»

Deux aspects caractérisent l'œuvre de Maupassant : le réalisme d'une part (ses récits peignent très fidèlement la société de son époque), la curiosité qu'il développe pour les troubles nerveux et psychologiques et le fantastique d'autre part.

La fascination de Maupassant pour la folie et les fous ne laisse pas de troubler le lecteur d'aujourd'hui. Elle transparaît à de nombreuses reprises dans son œuvre : ainsi, le narrateur de la nouvelle «Madame Hermet» (1887) déclare : «[r]ien ne sert de se pencher sur l'esprit des fous, car leurs idées les plus bizarres ne sont, en somme, que des idées déjà connues, étranges seulement, parce qu'elles ne sont plus enchaînées par la Raison. [...] Pourtant les fous m'attirent toujours, et toujours je reviens vers eux, appelé malgré moi par ce mystère banal de la démence[2]».

Cet intérêt pour les troubles psychiques reflète les propres angoisses de Maupassant, qui a contracté la syphilis, une maladie sexuellement transmissible qui attaque lentement le système nerveux. Cette pathologie touche d'autres membres de sa famille : atteint de la même maladie, son frère Hervé est interné à deux reprises, une première fois en 1887, puis une seconde en 1889, dans l'asile de Lyon-Bron, où il meurt fou après avoir asséné à Guy : «C'est toi qui es fou, tu

---

1. Guy de Maupassant, «Le Roman», *Pierre et Jean*, éd. N. Benhamou, Flammarion, coll. «Étonnants Classiques», 2014, p. 53.
2. Guy de Maupassant, «Madame Hermet», *Œuvres complètes. La Main Gauche*, L. Conard, 1910, p. 255.

m'entends[1]!» À cette époque, Maupassant souffre surtout de terribles migraines et de troubles oculaires. Il est même momentanément atteint d'une cécité partielle. Pour soulager ses douleurs, il consomme différentes drogues dont l'éther; loin d'améliorer sa santé, les stupéfiants aggravent ses troubles psychiques. En 1890, il écrit : «Je suis de la famille des écorchés; mais cela, je ne le dis pas, je ne le montre pas, je le dissimule même très bien, je crois[2].» De la même manière, on peut lire dans la nouvelle «Sur l'eau» ces mots à la résonance toute personnelle : «En certains jours, j'éprouve l'horreur de ce qui est jusqu'à désirer la mort... En certains autres, au contraire, je jouis de tout à la façon d'un animal[3].» Cette souffrance mentale est telle qu'il tente de se suicider, le 1er janvier 1892. À la suite de cet événement, il est interné le 7 janvier à la clinique du docteur Blanche, à Passy (aujourd'hui dans le 16e arrondissement parisien). Maupassant y meurt le 6 juillet 1893.

Bien qu'importants, ces troubles psychiques n'ont marqué que les dernières années de la vie de Maupassant. Quand il rédige «Le Horla» (1887), l'écrivain possède encore toutes ses capacités intellectuelles et artistiques. Il serait donc erroné de confondre l'auteur et le narrateur de la nouvelle. De même, Maupassant ne décrit pas son état quand il brosse le portrait de fous en pleine crise de délire. À travers ses écrits, il parle de ses angoisses, des hantises que lui causent ses souffrances et celles de ses proches. Ses récits ne constituent pas un autoportrait, mais plutôt, peut-être, une forme de thérapie, qui lui permet pour un temps de

---

1. Cité par Armand Lanoux, *Maupassant le Bel-Ami*, Grasset, coll. «Les Cahiers rouges», 1995.
2. Guy de Maupassant, «À une inconnue», 1890, cité dans Albert Lumbroso, *Souvenirs sur Maupassant*, Genève, Slatkine, 1981, p. 223.
3. Guy de Maupassant, «Sur l'eau», *Contes et nouvelles*, Albin Michel, 1956, t. I, p. 85-86.

combattre sa peur de perdre la raison. L'évolution du texte du «Horla», dont on détient trois versions, témoigne de celle de l'état de Maupassant, de plus en plus angoissé par la folie.

Les trois versions du *Horla*

Habituellement, on désigne sous le titre «Le Horla» la nouvelle parue en 1887 et adoptant la forme du journal intime. C'est celle que nous donnons à lire dans le corps de cette édition. Mais deux textes en forment en quelque sorte des ébauches : «Lettre d'un fou» (1885), une lettre adressée à un médecin par un homme qui prétend qu'une créature le hante, et «Le Horla» (1886), récit où, lors d'une réunion dans une maison de santé, le patient d'un certain docteur Marrande raconte le plus précisément possible comment il s'est aperçu de la présence d'un être invisible dans sa maison[1]. Ces trois versions sont à la fois proches et différentes. Dans le premier texte, la créature n'est pas nommée, et la nouvelle relate principalement l'épisode du miroir, tel qu'on le retrouve dans les versions de 1886 et de 1887. La forme de la lettre adressée par le narrateur à un docteur met à distance le lecteur, spectateur de l'inquiétude que procure au personnage la présence d'un être inconnu et non identifié. Il en va de même pour la version de 1886, qui recourt à la forme du récit enchâssé : les phénomènes surprenants relatés par le patient qui les a vécus aux collègues du docteur Marrande sont rapportés au sein d'une discussion entre ce dernier et ses collègues. De plus, le malade livre son histoire aux médecins *a posteriori*, de façon apaisée et lucide. En revanche, par sa forme de journal intime, «Le Horla» de 1887 ne ménage pas le lecteur, qui vit les angoisses du personnage principal au même

---

1. Voir les extraits de ces deux nouvelles dans le dossier, p. 131-137.

rythme que celui-ci. Entraîné par les doutes, les hantises, les peurs, les fantasmes et les désirs de ce dernier, il s'interroge sur sa santé mentale en même temps que lui.

Ces différentes versions recourent toutes au même cadre : un narrateur anonyme, maître de maison, entouré de domestiques, obnubilé par ses sensations. Mais d'un texte à l'autre l'évolution du registre est sensible : le titre «Lettre d'un fou» ne laisse aucun doute quant au trouble psychique dont souffre le narrateur du récit, qui ressortit à la veine réaliste; «Le Horla» de 1886 emprunte à la science-fiction, puisque les personnages concluent que le successeur de l'être humain est arrivé, sous la forme du Horla. Dans la version de 1887, le récit se tient, lui, dans un entre-deux. L'auteur ne donne pas au lecteur la possibilité de choisir entre une interprétation rationnelle des faits (le narrateur est fou) et une interprétation irrationnelle (la présence avérée d'un être surnaturel). Certains éléments peuvent convaincre de la démence du personnage principal : ses visions, le caractère de plus en plus déconstruit de sa syntaxe, sa tentative de tuer le Horla qui le pousse à abandonner ses domestiques dans sa maison en feu. D'autres plaident pour sa lucidité : les tests auxquels il procède pour s'assurer de la présence du Horla, ou même la séance d'hypnotisme à laquelle il assiste. Le narrateur du «Horla» serait alors aux prises avec des forces insoupçonnées, lesquelles font l'objet de recherches scientifiques dans les années 1880.

Le XIXᵉ siècle, ère du rationnel?

En cette fin de XIXᵉ siècle, et dans un contexte politique agité[1], de nouvelles conceptions du monde et de nombreux courants de pensée se font jour qui, tout en laissant une grande place au rationalisme, s'intéressent à l'occultisme[2] et au paranormal[3].

Tandis que la France connaît une période de renouveau industriel (elle développe de nouveaux secteurs de production tels que le chemin de fer, l'automobile, l'électricité), la vulgarisation scientifique s'efforce de rendre plus accessible ces avancées techniques et contribue à les faire accepter par le public. La philosophie du penseur français Auguste Comte (1798-1857) participe de ce mouvement, en faisant du progrès un aspect central de la société. Les évolutions de la médecine et la pensée hygiéniste[4] font croire à la possible fin des maladies et des troubles physiques.

---

1. Pendant tout le XIXᵉ siècle, la France voit se succéder plusieurs régimes (République, Premier Empire, monarchie absolue et parlementaire, IIᵉ République, Second Empire). À partir de 1870, la République s'installe définitivement, mais elle fait face à deux crises : l'insurrection de la Commune de Paris en 1871 et les projets de coup d'État du général Boulanger en 1887. Cette instabilité met à mal la foi de la société dans la République et favorise l'émergence de nouveaux courants de pensée.
2. *Occultisme* : ensemble de connaissances qui ne sont reconnues ni par la science ni par la religion, et qui sont tenues secrètes pour les non-initiés.
3. *Paranormal* : ensemble des phénomènes que les lois scientifiques ne peuvent pas expliquer et qui supposent l'intervention de forces inconnues.
4. *Hygiéniste* : qui relève de l'hygiénisme, courant de pensée du XIXᵉ siècle qui met la prévention des maladies au cœur des préoccupations politiques, notamment de l'urbanisme.

Toutefois, la théorie de l'évolution qui s'exprime dans l'œuvre de Darwin[1], traduite en français dès 1862, entame cette vague d'optimisme. En formulant l'hypothèse selon laquelle toutes les espèces vivantes auraient une ascendance commune, le naturaliste anglais fait de l'homme une créature animale dont l'évolution répond au principe de sélection naturelle, et remet ainsi en cause l'idée d'une transcendance, autrement dit d'une force divine, créatrice de l'homme et de l'univers. Les hommes se découvrent plus ignorants, perdus et petits dans un monde qu'ils ne maîtrisent pas.

C'est dans ce contexte que, en 1870, le neurologue français Jean Martin Charcot (1825-1893) commence ses grands travaux sur la folie. En 1882 il obtient la chaire de clinique des maladies nerveuses à l'hôpital de la Salpêtrière, à Paris. À la même période, l'école de Nancy[2] développe la psychothérapie. Si les deux « écoles » adoptent une approche différente, elles font de la folie un objet d'étude relevant d'un domaine proprement médical et non plus du sacré[3] ou du poétique. Le fou devient un patient, atteint de troubles plus ou moins importants et susceptible d'être soigné (que sa folie soit curable[4] ou non). On s'apprête à abandonner les traitements de choc réservés

---

1. Charles Darwin (1809-1882) : naturaliste anglais, auteur de *Sur l'origine des espèces au moyen de la sélection naturelle*. Il y soutient que seuls les animaux les plus adaptés à la survie dans leur milieu transmettent leurs caractéristiques à leurs descendants (théorie de la sélection naturelle) et qu'ainsi les espèces animales évoluent au fil des siècles (théorie de l'évolution).
2. L'*école de Nancy* réunit le professeur de médecine Hippolyte Bernheim, le juriste Jules Liégeois et le médecin Henri Étienne Beaunis, qui recourent à des séances d'hypnose pour le traitement de maladies mentales. À partir de 1903, l'école développe la psychothérapie.
3. Jusqu'à la fin du Moyen Âge, on considère que les fous sont possédés par des démons, que l'on peut chasser par l'exorcisme. Cette pratique persiste jusqu'au XIXe siècle : Maupassant décrit une cérémonie d'exorcisme dans la nouvelle « Conte de Noël ».
4. Curable : guérissable.

jusque-là à ceux qui sont qualifiés de «fous» (bains d'eau glacée, chocs émotionnels provoqués, etc., toutes des pratiques douloureuses et peu efficaces), pour leur préférer des soins plus adaptés, reposant sur les récentes avancées scientifiques. On identifie différents cas cliniques parmi ce que l'on considérait jusque-là relever d'une pathologie unique : les hystériques sont ainsi distingués des maniaques[1] ou des névrosés. Les travaux menés par Charcot et par ses contemporains ouvrent la voie à de nombreuses investigations, qui conduiront Sigmund Freud (1856-1939), médecin neurologue autrichien, à formuler sa théorie de la psychanalyse dans les années 1890. Celle-ci fait la part belle aux manifestations de l'inconscient. Freud considère qu'un individu refoule un certain nombre de pensées, de sentiments, d'expériences vécues, mais que ceux-ci finissent par reparaître, que ce soit dans des actes manqués[2], des rêves ou des comportements considérés comme anormaux. Il développe aussi l'idée d'«inquiétante étrangeté» (*das Unheimliche* en allemand), qui décrit le malaise né d'une rupture dans un quotidien on ne peut plus ordinaire, d'un décrochement de la banalité.

Après avoir dénigré les travaux de Charcot à une époque où il ne s'intéressait pas encore à la folie[3], Maupassant suit ses cours à la Salpêtrière, de 1884 à 1886. Dans le discours du narrateur du «Horla», on retrouve aisément certains traits des patients du docteur. Le narrateur a l'impression d'être attaqué par une créature qui vient lui prendre son souffle de vie et l'étouffer : «*25 mai*. [...] Je dors – longtemps – deux ou trois

---

1. *Maniaques* : sujets à des états de surexcitation.
2. *Actes manqués* : oublis ou maladresses qui semblent dus à une distraction, mais qui satisfont en réalité un désir inconscient.
3. «Il me fait l'effet de ces conteurs dans le genre d'Edgar Poe, qui finissent par devenir fous à force de réfléchir à d'étranges cas de folie», écrit-il au sujet de Charcot dans «Magnétisme» [1882], *Le Horla et autres contes d'angoisse*, éd. A. Fonyi, GF-Flammarion, 1984, p. 159.

heures – puis un rêve – non – un cauchemar m'étreint. Je sens bien que je suis couché et que je dors,... je le sens et je le sais... et je sens aussi que quelqu'un s'approche de moi, me regarde, me palpe, monte sur mon lit, s'agenouille sur ma poitrine, me prend le cou entre ses mains et serre... serre... de toute sa force pour m'étrangler. Moi, je me débats, lié par cette impuissance atroce, qui nous paralyse dans les songes ; je veux crier, – je ne peux pas ; – je veux remuer, – je ne peux pas ; – j'essaye, avec des efforts affreux, en haletant, de me tourner, de rejeter cet être qui m'écrase et qui m'étouffe, – je ne peux pas ! » (p. 41-43). De même, Charcot a rapporté à propos d'un patient : « Il arriva fréquemment qu'au moment où il fermait les yeux pour s'endormir, il croyait voir un monstre à figure humaine qui s'avançait vers lui. Épouvanté, il poussait un cri, ouvrait les yeux et la vision disparaissait, pour reprendre aussitôt que, de nouveau, il fermait les paupières[1]. »

Non content de s'intéresser à la folie et aux analyses cliniques qui en sont faites, Maupassant, comme les savants de son époque, explore aussi le magnétisme, l'hypnose et la suggestion.

Le magnétisme est un phénomène physique par lequel des objets exercent sur d'autres une force attractive ou répulsive. En France, au XIXe siècle, la théorie du médecin badois Franz Anton Mesmer (1734-1815) reçoit un large écho. Il défend l'idée qu'il existe un magnétisme animal, fondé sur un fluide susceptible de passer d'un individu à un autre. Il considère que, grâce à des passes et mouvements précis, dits « passes mesmériennes », tout homme peut agir sur autrui au moyen de ce fluide qui permet de guérir certaines maladies. Mesmer va jusqu'à tenter

---

1. Jean Martin Charcot, *L'Hystérie*, éd. E. Trillat, Toulouse, Privat, coll. « Rhadamante », 1971, p. 171.

de prouver que le magnétisme peut améliorer l'acuité visuelle d'une jeune aveugle. Pour mettre en application ce principe, il se livre à des séances surprenantes, qui se font en groupe et deviennent même une activité à la mode. Lors de ces réunions, les patients, reliés par une corde, se placent en cercle autour d'un récipient, dit «baquet de Mesmer». Celui-ci contient des bouteilles d'eau, du métal et du verre pilé, mis en contact avec les organes malades grâce à des tiges métalliques. Le magnétiseur effectue des passes et, quand le fluide se met à circuler, les individus sont pris d'une «crise magnétique», qui s'accompagne souvent de convulsions plus ou moins violentes. Mesmer joue souvent du piano pendant ces séances qui attirent le Tout-Paris.

Autre phénomène qui suscite l'intérêt des scientifiques et de Maupassant lui-même : la suggestion, permise par l'hypnose. En 1884, l'un des fondateurs de l'école de Nancy (également appelée école de la suggestion), Hippolyte Bernheim, définit en ces termes la suggestion : «acte par lequel une idée est introduite dans le cerveau et acceptée par lui[1]». En effet, la suggestion consiste à ancrer dans la tête d'un individu une idée ou un sentiment sans l'intervention de sa volonté. Ce processus se fait en situation d'hypnose, c'est-à-dire dans un état proche du sommeil, où le sujet hypnotisé n'est pas en pleine possession de sa conscience. L'hypnotiseur glisse une suggestion dans l'esprit de l'individu qui, à son réveil, ne se rappelle pas avoir été soumis à cette influence extérieure et pense que l'idée suggérée est le fruit de sa propre et unique volonté. C'est à cette pratique qu'on assiste dans «Le Horla», lors de la démonstration du docteur Parent. Tout d'abord l'hypnotiseur met le sujet en état d'hypnose : «Ma cousine, très incrédule aussi, souriait. Le docteur

---

1. Hippolyte Bernheim, *Hypnotisme, suggestion, psychothérapie*, Fayard, 1995, p. 37.

Parent lui dit : "Voulez-vous que j'essaie de vous endormir, Madame? — Oui, je veux bien." Elle s'assit dans un fauteuil et il commença à la regarder fixement en la fascinant. [...] Je voyais les yeux de Mme Sablé s'alourdir, sa bouche se crisper, sa poitrine haleter. Au bout de dix minutes, elle dormait » (p. 52). Puis l'hypnotiseur suggère une idée au sujet, avant de le tirer du sommeil : « le docteur ordonna : "Vous vous lèverez demain à huit heures ; puis vous irez trouver à son hôtel votre cousin, et vous le supplierez de vous prêter cinq mille francs que votre mari vous demande et qu'il vous réclamera à son prochain voyage." Puis il la réveilla » (p. 53). Enfin, une fois que le sujet a obéi à l'ordre inconscient, l'hypnotiseur peut le replonger en état d'hypnose et effacer définitivement la suggestion et son souvenir : « Elle sommeillait déjà sur une chaise longue, accablée de fatigue. Le médecin lui prit le pouls, la regarda quelque temps, une main levée vers ses yeux qu'elle ferma peu à peu sous l'effort insoutenable de cette puissance magnétique. Quand elle fut endormie : "Votre mari n'a plus besoin de cinq mille francs ! Vous allez donc oublier que vous avez prié votre cousin de vous les prêter, et, s'il vous parle de cela, vous ne comprendrez pas." Puis il la réveilla » (p. 56). Le narrateur du « Horla » assiste donc à une séance d'hypnose doublée d'une suggestion.

La conviction de l'existence d'une force invisible crée un sentiment de malaise chez le narrateur (comme chez le lecteur), conscient du danger qu'il y a à manipuler des puissances que l'on ne maîtrise pas : « les médecins, depuis dix ans déjà, ont découvert, d'une façon précise, la nature de sa puissance [...]. Ils ont joué avec cette arme du Seigneur nouveau [...]. Ils ont appelé cela magnétisme, hypnotisme, suggestion... que sais-je ? Je les ai vus s'amuser comme des enfants imprudents avec cette horrible puissance ! » (p. 65).

Sur le plan littéraire, ces phénomènes étonnants, qui font souvent vaciller les rationalistes les plus endurcis, trouvent un écho particulier dans le genre fantastique, qui se fonde précisément sur le doute que peut éprouver un individu doué de raison lorsqu'il est confronté à des phénomènes surnaturels. C'est à ce genre qu'appartient « Le Horla ».

Le fantastique

Le terme « fantastique » présente divers sens, selon le contexte dans lequel il est employé. Synonyme de l'adjectif « excellent, formidable » dans la conversation courante, il prend un sens tout à fait particulier quand il est employé dans le domaine littéraire. « Fantastique » vient du grec φαντασία (*fantasia*), qui désigne l'imagination. Ce mot a la même racine que le verbe φαίνεσθαι (*fainesthai*), qui signifie « apparaître, sembler, donner l'impression ». Le philosophe grec Aristote (384-322 av. J.-C.) désigne la *fantasia* comme la faculté de se représenter des images qui ne correspondent à rien de véritable. Le mot donne, entre autres, les termes français « fantaisie », « fantôme », « fantasme », « fantasmagorie ». Ce bref rappel étymologique permet de comprendre le rôle primordial que jouent la représentation et l'imagination dans les récits de type fantastique.

C'est en 1828 que François Adolphe Loève-Veimars (1801-1854), homme de lettres et diplomate, applique le mot « fantastique » à la sphère littéraire : lorsqu'il entreprend la traduction des *Fantasiestücke* (« morceaux de fantaisie ») de l'écrivain allemand Ernst Theodor Amadeus Hoffmann (1776-1822), Loève-Veimars prend la liberté de les intituler en français *Contes fantastiques*. Le succès de cette traduction lance la longue carrière du terme dans les lettres européennes. Mais quel type d'écrits désigne ce mot? Les nuances se font bientôt jour entre les récits «merveilleux» et «fantastiques». Dans le merveilleux, dont la parfaite illustration est le conte de fées, le lecteur accepte d'emblée l'existence de pouvoirs surnaturels, de manifestations magiques, qui ne sont pas perçus comme troublant le monde réel. On n'y cherche pas la vraisemblance, mais on s'y évade, librement, en se laissant porter par un univers que l'on adopte immédiatement comme il est. L'écrivain, sociologue et critique littéraire français Roger Caillois (1913-1978) décrit le «féerique» comme un «univers merveilleux qui s'ajoute au monde réel sans lui porter atteinte ni en détruire la cohérence. [...] Le conte de fées se passe dans un monde où l'enchantement va de soi et où la magie est la règle. Le surnaturel n'y est pas épouvantable, il n'y est même pas étonnant, puisqu'il constitue la substance même de l'univers, sa loi, son climat. Il ne viole aucune régularité : il fait partie de l'ordre des choses; il est l'ordre, ou plutôt l'absence d'ordre des choses[1].»

Dans le fantastique, à commencer par l'illustration qu'en donne Hoffmann, le lecteur est confronté à la manifestation d'un phénomène irrationnel dans un univers parfaitement commun et ordinaire. Roger Caillois rappelle ainsi que «tout le fantastique est rupture de l'ordre reconnu, irruption de l'inadmissible au sein de l'inaltérable légalité quotidienne[2]». L'idée de choc entre le rationnel et l'irrationnel, entre l'ordinaire et l'extraordinaire, sous-tend cette approche. Mais le philosophe et essayiste français Tzvetan Todorov (né en 1939) introduit l'idée

---

1. Roger Caillois, «De la féerie à la science-fiction», préface de l'*Anthologie de la littérature fantastique*, Gallimard, 1966, p. 8-9.
2. Roger Caillois, *Au cœur du fantastique*, Gallimard, 1965, p. 61.

de doute dans la définition du fantastique. Ce dernier reposerait sur une hésitation fondamentale du lecteur, qui ne sait s'il faut opter pour une explication rationnelle du phénomène surnaturel ou bien accepter l'existence du surnaturel dans l'univers représenté. Et c'est ce doute fondamental qui maintient le lecteur dans un malaise profond. Todorov écrit : « Dans un monde qui est bien le nôtre, celui que nous connaissons, sans diables, sylphides[1], ni vampires, se produit un événement qui ne peut s'expliquer par des lois de ce même monde familier. Celui qui perçoit l'événement doit opter pour l'une des deux solutions possibles : ou bien il s'agit d'une illusion des sens, d'un produit de l'imagination, et les lois du monde restent alors ce qu'elles sont ; ou bien l'événement a véritablement eu lieu, il est partie intégrante de la réalité, mais alors cette réalité est régie par des lois inconnues de nous[2]. » Dans « Le Horla », on se demande ainsi s'il faut accepter l'existence d'une créature surhumaine, ou si le Horla n'est que le fruit d'un dérèglement psychologique du personnage principal. Le lecteur est en proie au doute, comme le narrateur lui-même. Le 10 juillet, il écrit : « Décidément, je suis fou ! » (p. 48), avant de continuer, le 6 août : « Cette fois, je ne suis pas fou » (p. 57). Le 7 août, il poursuit : « Je me demande si je suis fou » ; puis : « Certes, je me croirais fou, absolument fou, si je n'étais conscient, si je ne connaissais parfaitement mon état, si je ne le sondais en l'analysant avec une complète lucidité » (p. 58-59). Les revirements du narrateur concernant son propre état psychique poussent le lecteur à douter encore plus.

Le fantastique nous conduit à remettre en question les cadres de pensée qui organisent notre compréhension du

---

1. *Sylphides* : génies féminins ailés.
2. Tzvetan Todorov, *Introduction à la littérature fantastique*, Seuil, coll. « Poétique », 1970, p. 28.

monde. Lutte contre les *a priori* réducteurs, le récit fantastique contraint le lecteur à questionner sa propre façon de lire le monde et ses phénomènes : « Qu'il s'agisse de fantômes, d'aberrations spatio-temporelles ou de folie, toutes ces manifestations ont pour point commun de perturber profondément l'équilibre intellectuel du personnage, et par ce biais, de remettre en question les cadres de pensée du lecteur lui-même[1]. » Ainsi, en éprouvant une empathie à l'égard du narrateur, le lecteur du « Horla » reconsidère son approche du monde aussi bien que son regard sur le comportement humain et la notion de « normalité ».

Six récits d'angoisse

La nouvelle au service du fantastique

Autour du « Horla », notre édition réunit cinq autres textes de Maupassant, qui optent tous pour la forme du conte ou de la nouvelle fantastique.

À l'époque de Maupassant, le terme « nouvelle » désigne un récit court, comme les mots « conte », « histoire » ou « anecdote ». Ce type de textes est apparu dès la Renaissance, notamment dans des grands recueils comme *Le Décaméron* de Boccace (qui rassemble cent récits répartis en dix « journées ») et *L'Heptaméron* de Marguerite de Navarre (qui contient soixante-douze nouvelles). Au XIXᵉ siècle, avec l'essor de la presse, la nouvelle se

---

1. Joël Malrieu, *Le Fantastique*, Hachette, coll. « Contours littéraires », 1992, p. 48.

popularise : les grands journaux sont friands de ces textes adaptés aux dimensions d'un journal et qu'ils publient à côté des articles et des faits divers. De leur côté, les auteurs affectionnent cet exercice, grâce auquel ils peuvent toucher un large public et qui leur offre une grande liberté.

La nouvelle n'a pas de contrainte de forme, de contenu ou de style : elle est surtout définie par sa brièveté. «Le Horla», «Un fou?», «Lui?», «La Peur», «La Main d'écorché», «Qui sait?» n'occupent chacune que quelques pages. Cette brièveté engage l'écrivain à concentrer ses effets : les intrigues sont simples, comportent peu de personnages, s'étendent souvent sur des durées limitées et prennent pour cadre un nombre restreint de lieux. En ce sens, «Un fou?» est un modèle du genre : ce texte raconte une visite du narrateur à Jacques Parent, dans la maison de ce dernier, un soir d'orage. En effet, la nouvelle rend compte d'un moment de crise, un événement ponctuel qui bouleverse l'existence des personnages, comme les quelques mois où le narrateur du «Horla» sombre dans la folie, la terrifiante séance de magnétisme dans «Un fou?», la fuite des meubles du narrateur et leur réapparition mystérieuse dans «Qui sait?»... La fin du texte est particulièrement mise en valeur : la nouvelle s'achève souvent par un effet de surprise ou une révélation, la chute.

On comprend quel parti les auteurs fantastiques peuvent tirer de ce genre. La brièveté du texte permet de conserver une part de mystère, en passant sous silence certaines explications. En se concentrant sur quelques actions – dans «Lui?», par exemple, le récit se résume presque à la vision du narrateur –, la nouvelle présente ces scènes de façon frappante, propre à susciter l'angoisse. La chute, elle, est un outil remarquable pour créer le doute caractéristique du genre fantastique. En une phrase, à la fin du texte, l'auteur peut radicalement remettre en cause le sens à donner à son récit. Ainsi, dans «La Peur», en voyant une silhouette menaçante à la porte de leur maison, les personnages, persuadés d'assister à l'apparition d'un fantôme, tirent sur l'intrus; dans les dernières lignes du texte, le narrateur découvre contre la porte le cadavre du chien de la famille, tué d'une balle. Dans le récit fantastique, donc, la chute plonge souvent le lecteur dans une nouvelle hésitation entre interprétation surnaturelle et vision rationnelle des événements.

Diversité des formes

Le récit fantastique peut prendre des formes très variées, comme le montrent les textes de ce volume. Tout en se répondant par un jeu de résonance et de correspondances – que ce soit le thème de la folie, le surnaturel, le double, le magnétisme –, ils suivent différentes lignes et présentent une large palette des divers traitements du fantastique.

«La Peur» obéit à un projet didactique, puisque ce récit se propose de faire comprendre le sentiment de peur. Son titre même pourrait être celui d'un essai psychiatrique. Fondé sur un diptyque, le texte présente un volet exotique, dans le désert, et un volet normand, dans une forêt ténébreuse. Cette structure évoque déjà le thème du dédoublement, renforcé par l'enchâssement des récits : un personnage expose, à la première personne, sa conception de la peur sur le pont d'un navire, dans une nuit éclairée par la lune, et le récit enchâssé reprend lui-même les motifs de l'astre clair et omniprésent (le soleil du désert), puis de la nuit. Selon le narrateur, avant de s'analyser la peur se ressent, elle s'éprouve. Née d'une sensation d'enfermement éprouvée, elle constitue une réaction à l'oppression du monde extérieur, qu'il s'agisse du désert ou de la forêt. Or, dans ces deux cas, le danger n'est pas palpable, il n'est pas même réel, et c'est le flux de l'imagination, laquelle vagabonde loin de la réalité, qui entretient l'angoisse. Dans un cercle vicieux, la peur se nourrit de l'absence de danger réel, laquelle n'en suscite pas moins des traumatismes indélébiles, comme on le constate dans «Le Horla», dans «Qui sait?» et dans «Lui?».

«Lui?» présente un narrateur qui explique par un événement passé son état présent : s'il se marie à une femme quelconque, c'est pour conjurer l'angoisse que crée en lui le souvenir d'une hallucination dont il a été victime. Encore une fois, la peur du narrateur a pour objet elle-même : le narrateur finit par avoir peur d'avoir peur. Le fantastique devient alors complètement intellectuel, tournant sur lui-même, dans un piège devenu cérébral. La forme du texte, elle aussi, est ambiguë : le narrateur s'adresse à un ami, mais est-ce une lettre ou un récit oral? Est-ce un soliloque qui reprend le thème du double, central dans «Le Horla»? Avec son titre en forme d'interrogation, «Lui?» suggère le doute sur le point de devenir folie.

De la même manière, «Un fou?» résonne comme une question inquiète. La nouvelle de la mort d'un ami, Jacques Parent, suffit à introduire le récit d'une séance de magnétisme tout électrique, un soir d'orage. L'angoisse et la fascination du narrateur se combinent dans ce récit d'une expérience potentiellement dangereuse, puisque Jacques Parent va jusqu'à ordonner au chien du narrateur d'attaquer son maître. Folie, magnétisme, hypnose, peur, voilà des thèmes qui sont présents dans les autres textes de Maupassant.

Deux textes s'attachent à la relation entretenue entre folie et objet. Il s'agit de «La Main d'écorché» et de «Qui sait?». À travers les yeux d'un témoin, le premier récit relate la mort mystérieuse du propriétaire d'une main maudite. Racontée de façon neutre, par un tiers, ce fait divers semble suggérer l'intervention de forces surnaturelles, mais rien ne vient confirmer cette hypothèse. L'objet, la cauchemardesque main d'écorché, concentre tout le trouble du narrateur. Dans « Qui sait ? », le récit s'articule clairement en deux parties, qui sont ponctuées de voyages. Le texte paraît d'abord empreint de merveilleux : animés comme les jouets du conte « Casse-Noisette et le roi des souris » de Hoffmann, les meubles du narrateur quittent la maison de ce dernier, sous ses yeux ébahis, dans un cortège pittoresque. Mais progressivement le récit glisse du merveilleux au fantastique : l'univers est celui du quotidien (les meubles d'une maison), les éléments d'une enquête policière viennent appuyer la crédibilité du témoignage du narrateur. Ce dernier, élément troublant, se montre à la fois parfaitement lucide et bel et bien fou, adoptant un comportement de paranoïaque caractérisé. Centrée sur la figure inquiétante de l'antiquaire, l'obsession de la mort rythme son récit, et la fuite de son mobilier symbolise l'aliénation de son propre esprit.

Dans tous ces récits, Maupassant recourt systématiquement à la première personne, mais la proximité entre phénomènes paranormaux et narrateur est très variable. De la même manière, le degré d'implication du lecteur dans le récit varie selon le type de texte (lettre, journal, histoire racontée à des amis, récit enchâssé ou non). Toujours poussée dans ses derniers retranchements, la raison en sort ébranlée, délitée dans ce goutte-à-goutte de textes, fait d'une même terrible substance de mots.

CHRONOLOGIE

1850 1893
1850 1893

■ Repères historiques et culturels
■ Vie et œuvre de l'auteur

Repères historiques et culturels

1848- **1852**	IIᵉ République.
1851	2 décembre : coup d'État de Louis-Napoléon Bonaparte.
1852	2 décembre : proclamation du Second Empire. Louis-Napoléon Bonaparte devient empereur des Français sous le nom de Napoléon III.
1856	Hugo, *Les Contemplations*, recueil de poésie.
1857	Baudelaire, *Les Fleurs du mal*, recueil de poésie. Le poète est condamné pour «délit d'outrage à la morale publique et religieuse et aux bonnes mœurs». Flaubert, *Madame Bovary*, roman. Jugé pour les mêmes raisons que Baudelaire, Flaubert est acquitté.
1859	Hugo, *La Légende des siècles*, recueil de poésie.
1862	Hugo, *Les Misérables*, roman. Flaubert, *Salammbô*, roman.
1863	Manet peint *Le Déjeuner sur l'herbe*.
1865	Edmond et Jules de Goncourt, *Germinie Lacerteux*, roman.
1869	Courbet peint *La Vague*. Verlaine, *Fêtes galantes*, recueil de poésie. Flaubert, *L'Éducation sentimentale*, roman. Mort de Louis Bouilhet.
1870	Juillet : début de la guerre franco-prussienne. 4 septembre : chute de l'Empire. Proclamation de la IIIᵉ République. Mort de Jules de Goncourt.
1871	Commune de Paris : le peuple parisien refuse la capitulation. Ce gouvernement révolutionnaire et populaire est réprimé dans le sang par le gouvernement Thiers.
1872	Monet peint *Impression, soleil levant*. Zola, *La Curée*, roman.
1874- **1886**	Expositions des impressionnistes.

Vie et œuvre de l'auteur

1850   5 août : naissance de Maupassant, officiellement à Tourville-sur-Arcques, plus probablement à Fécamp.

1856   Naissance de son frère Hervé.

1860   Les époux Maupassant se séparent. La mère de Maupassant emménage à Étretat avec ses deux fils.

1863   Pensionnaire à l'Institution ecclésiastique d'Yvetot.

1868   Interne au lycée de Rouen.
Fréquente Gustave Flaubert et Louis Bouilhet.

1869   Obtient son baccalauréat ès lettres.

1870   S'enrôle dans l'armée.

1871   Paie un remplaçant et quitte l'armée.

1872   Entre au ministère de la Marine et des Colonies.

Repères historiques et culturels

1875   Constitution de la IIIe République.

1877   Flaubert, *Trois Contes*, recueil.
1878   Zola, *L'Assommoir*, roman.
1879   Lampe incandescente inventée par Edison.
1880   Mort de Flaubert.
          Zola, *Nana*, roman.

1881   Renoir peint *Le Déjeuner des canotiers*.

1882   Le docteur Charcot commence ses leçons à la Salpêtrière, appelées «leçons du mardi matin».
          Wagner compose l'opéra *Parsifal*.
1883   Mort de Tourgueniev, de Manet, de Wagner.

1884   Huysmans, *À rebours*, roman.

1885   Découverte du vaccin contre la rage par Pasteur.
          Mort de Hugo.
          Zola, *Germinal*, roman. Laforgue, *Complaintes*, recueil de poésie.
1886   Rimbaud, *Illuminations*, recueil de poésie.
          Le général Boulanger est nommé ministre de la Guerre.

1887   Sadi Carnot est président de la République.
          Le général Boulanger est à la tête du boulangisme, mouvement politique nationaliste qui menace de renverser la IIIe République.

Vie et œuvre de l'auteur

1875 «La Main d'écorché», conte.

1876 Contracte la syphilis, dont il mourra.

1878 Entre au ministère de l'Instruction publique.

1879 Voyage en Bretagne.

1880 Publie la nouvelle «Boule de suif» dans *Les Soirées de Médan*, recueil collectif de nouvelles auquel participent notamment Zola et Huysmans.
Entame avec Gisèle d'Estoc une liaison qui durera jusqu'en 1886.
Début de sa carrière de journaliste.

1881 Envoyé spécial pour *Le Gaulois* en Algérie. On en retrouve l'écho dans «La Peur».
La Maison Tellier, premier recueil de nouvelles.
Collabore au journal *Gil Blas* sous le pseudonyme de Maufrigneuse.

1882 Voyage en Bretagne.
Congédié du ministère de l'Instruction publique.
«La Peur», nouvelle. *Mademoiselle Fifi*, recueil de nouvelles.

1883 «Lui?», nouvelle. *Les Contes de la bécasse*, recueil. *Une vie* (premier roman). *Clair de lune*, recueil de nouvelles.
Naissance de son premier enfant dont la mère est Joséphine Litzelmann. De cette liaison naîtront deux autres enfants. Aucun n'est reconnu par Maupassant.

1884 Séjourne à Cannes.
«Un fou?», nouvelle. *Les Sœurs Rondoli*, *Miss Harriet*, recueils de contes.

1885 Voyage en Italie.
«Lettre d'un fou», nouvelle. *Bel-Ami*, roman. *Contes du jour et de la nuit*, recueil.

1886 Séjourne à Antibes.
La Petite Roque, recueil de nouvelles. «Le Horla», première version.

1887 Voyage en Afrique du Nord.
«Le Horla», seconde version. Publication du recueil du même nom. *Mont-Oriol*, roman.

Repères historiques et culturels

1888   Van Gogh peint *Les Tournesols*.

1889   Exposition universelle de Paris. Inauguration de la tour Eiffel.

1890   Mort de Van Gogh.
Wilde, *Le Portrait de Dorian Gray*, roman.
Zola, *La Bête humaine*, roman.

1891   Zola, *L'Argent*, roman.

1893   Zola, *Le Docteur Pascal*, dernier volume
des *Rougon-Macquart*.

Vie et œuvre de l'auteur

1888 Premier internement de son frère, également atteint de la syphilis.
Séjourne dans le Midi.
Pierre et Jean, roman. *Le Rosier de Madame Husson*, recueil de nouvelles.

1889 *Fort comme la mort*, roman.
Son frère Hervé meurt dans un asile.

1890 Séjourne à Nice.
«Qui sait?», nouvelle.
L'Inutile Beauté, recueil de nouvelles. *Notre cœur*, roman.

1891 Nouveaux symptômes de la syphilis : Maupassant ne peut plus écrire.

1892 Nuit du 1er au 2 janvier : tentative de suicide.
Il entre à la clinique du docteur Blanche à Passy.

1893 6 juillet : meurt à la clinique du docteur Blanche.

Année 1886. — N° 98   Le Numéro (15 Pages & texte) : 15 cent.   Jeudi, 9 décembre 1886.

LA VIE POPULAIRE

PARAIT DEUX FOIS PAR SEMAINE
Le JEUDI et le DIMANCHE
Elle est mise en vente dans les Marchands et Samedis

DIRECTION :
18, rue d'Enghien, 18
PARIS

ABONNEMENTS : { Paris et Dép°. 6 fr. 9 fr. — 12 m. 16 fr.
{ Union postale. 11 fr. — 20 fr.
On s'abonne sans frais dans tous les bureaux de poste.

SOMMAIRE : I. Histoire de la Semaine : L'Honnête fille, par Stephen Lemonnier. — II. Le Horla, par Guy de Maupassant. — III. La-l-um, par Edmond Lepelletier. — IV. L'Abbesse de Jouarre, par Ernest Renan. — V. Braves gens, par Jean Richepin. — VI. Gerfaut, par Charles de Bernard.

LE HORLA

Mon image n'était pas dedans... Et j'étais en face... (*Voir page 308.*)

■ Illustration de la première version du « Horla », parue dans le journal
La Vie populaire, 9 décembre 1886.

Le Horla
et autres contes fantastiques

ŒUVRES COMPLÈTES ILLUSTRÉES

DE

GUY DE MAUPASSANT

Le

Horla

Illustrations

DE

JULIAN-DAMAZY

Gravure sur bois

PAR

G. LEMOINE

PARIS
LIBRAIRIE OLLENDORFF
—
1903

■ Couverture de l'édition du « Horla » de 1908, illustration de Julian-Damazy.

Le Horla

....

    8 mai. – Quelle journée admirable ! J'ai passé toute la matinée étendu sur l'herbe, devant ma maison, sous l'énorme platane qui la couvre, l'abrite et l'ombrage tout entière. J'aime ce pays, et j'aime y vivre parce que j'y ai mes racines, ces profondes et
5 délicates racines, qui attachent un homme à la terre où sont nés et morts ses aïeux[1], qui l'attachent à ce qu'on pense et à ce qu'on mange, aux usages comme aux nourritures, aux locutions locales[2], aux intonations des paysans, aux odeurs du sol, des villages et de l'air lui-même.

10   J'aime ma maison où j'ai grandi. De mes fenêtres, je vois la Seine qui coule, le long de mon jardin, derrière la route, presque chez moi, la grande et large Seine, qui va de Rouen[3] au Havre[4], couverte de bateaux qui passent.

    À gauche, là-bas, Rouen, la vaste ville aux toits bleus, sous le
15 peuple pointu des clochers gothiques[5]. Ils sont innombrables, frêles[6] ou larges, dominés par la flèche de fonte[7] de la cathédrale, et pleins de cloches qui sonnent dans l'air bleu des belles mati-

---

1. *Aïeux* : ancêtres.
2. *Locutions locales* : expressions typiques d'un lieu, d'une région.
3. *Rouen* : ville de Normandie, traversée par la Seine. Maupassant y a été étudiant.
4. *Le Havre* est une ville portuaire située sur la rive droite de l'estuaire de la Seine, au bord de la Manche.
5. *Gothiques* : qui relèvent de l'architecture gothique, apparue au XIIᵉ siècle et caractérisée par la recherche de la hauteur et de la finesse. Les cathédrales de Rouen et de Chartres sont des cathédrales gothiques.
6. *Frêles* : fins, fragiles.
7. *Fonte* : métal produit par l'alliage de divers métaux, dont le cuivre.

nées, jetant jusqu'à moi leur doux et lointain bourdonnement de fer, leur chant d'airain[1] que la brise m'apporte, tantôt plus fort et
20 tantôt plus affaibli, suivant qu'elle s'éveille ou s'assoupit.

Comme il faisait bon ce matin !

Vers onze heures, un long convoi de navires, traînés par un remorqueur, gros comme une mouche, et qui râlait[2] de peine en vomissant une fumée épaisse, défila devant ma grille.

25 Après deux goélettes[3] anglaises, dont le pavillon[4] rouge ondoyait sur le ciel, venait un superbe trois-mâts brésilien, tout blanc, admirablement propre et luisant. Je le saluai, je ne sais pourquoi, tant ce navire me fit plaisir à voir.

12 mai. – J'ai un peu de fièvre depuis quelques jours ; je me
30 sens souffrant, ou plutôt je me sens triste.

D'où viennent ces influences mystérieuses qui changent en découragement notre bonheur et notre confiance en détresse ? On dirait que l'air, l'air invisible est plein d'inconnaissables Puissances, dont nous subissons les voisinages mystérieux. Je
35 m'éveille plein de gaieté, avec des envies de chanter dans la gorge. – Pourquoi ? – Je descends le long de l'eau ; et soudain, après une courte promenade, je rentre désolé, comme si quelque malheur m'attendait chez moi. – Pourquoi ? – Est-ce un frisson de froid qui, frôlant ma peau, a ébranlé mes nerfs et assombri
40 mon âme ? Est-ce la forme des nuages, ou la couleur du jour, la couleur des choses, si variable, qui passant par mes yeux, a troublé ma pensée ? Sait-on ? Tout ce qui nous entoure, tout ce que nous voyons sans le regarder, tout ce que nous frôlons sans le connaître, tout ce que nous touchons sans le palper, tout ce que
45 nous rencontrons sans le distinguer, a sur nous, sur nos organes et, par eux, sur nos idées, sur notre cœur lui-même, des effets rapides, surprenants et inexplicables ?

---

1. *D'airain* : de bronze.
2. *Râlait* : produisait un son rauque.
3. *Goélettes* : bateaux légers à deux mâts et aux voiles quadrangulaires.
4. *Pavillon* : drapeau d'un bateau indiquant son pays d'origine.

Comme il est profond, ce mystère de l'Invisible ! Nous ne le pouvons sonder avec nos sens misérables, avec nos yeux qui ne savent apercevoir ni le trop petit, ni le trop grand, ni le trop près, ni le trop loin, ni les habitants d'une étoile, ni les habitants d'une goutte d'eau... avec nos oreilles qui nous trompent, car elles nous transmettent les vibrations de l'air en notes sonores. Elles sont des fées qui font ce miracle de changer en bruit ce mouvement et par cette métamorphose donnent naissance à la musique, qui rend chantante l'agitation muette de la nature... avec notre odorat, plus faible que celui du chien... avec notre goût, qui peut à peine discerner l'âge d'un vin !

Ah ! si nous avions d'autres organes qui accompliraient en notre faveur d'autres miracles, que de choses nous pourrions découvrir encore autour de nous !

16 mai. – Je suis malade, décidément ! Je me portais si bien le mois dernier ! J'ai la fièvre, une fièvre atroce, ou plutôt un énervement[1] fiévreux, qui rend mon âme aussi souffrante que mon corps. J'ai sans cesse cette sensation affreuse d'un danger menaçant, cette appréhension[2] d'un malheur qui vient ou de la mort qui approche, ce pressentiment qui est sans doute l'atteinte d'un mal encore inconnu, germant dans le sang et dans la chair.

18 mai. – Je viens d'aller consulter mon médecin, car je ne pouvais plus dormir. Il m'a trouvé le pouls rapide, l'œil dilaté, les nerfs vibrants, mais sans aucun symptôme alarmant. Je dois me soumettre aux douches[3] et boire du bromure de potassium[4].

25 mai. – Aucun changement ! Mon état, vraiment, est bizarre. À mesure qu'approche le soir, une inquiétude incompréhensible m'envahit, comme si la nuit cachait pour moi une menace

---

1. *Un énervement* : une agitation nerveuse.
2. *Appréhension* : vague crainte.
3. On traitait les troubles nerveux en faisant prendre des douches, chaudes ou froides, aux patients.
4. Le *bromure de potassium* est un produit chimique employé au XIXᵉ siècle contre les maladies nerveuses, notamment l'épilepsie.

terrible. Je dîne vite, puis j'essaye de lire; mais je ne comprends pas les mots; je distingue à peine les lettres. Je marche alors dans mon salon de long en large, sous l'oppression d'une crainte confuse et irrésistible, la crainte du sommeil et la crainte du lit.

80　　Vers dix heures, je monte dans ma chambre. À peine entré, je donne deux tours de clef, et je pousse les verrous; j'ai peur… de quoi?… Je ne redoutais rien jusqu'ici… j'ouvre mes armoires, je regarde sous mon lit; j'écoute… j'écoute… quoi?… Est-ce étrange qu'un simple malaise, un trouble de la circulation peut-
85　être, l'irritation d'un filet nerveux[1], un peu de congestion[2], une toute petite perturbation dans le fonctionnement si imparfait et si délicat de notre machine vivante, puisse faire un mélancolique du plus joyeux des hommes, et un poltron[3] du plus brave? Puis, je me couche, et j'attends le sommeil comme on attendrait le
90　bourreau. Je l'attends avec l'épouvante de sa venue; et mon cœur bat, et mes jambes frémissent; et tout mon corps tressaille dans la chaleur des draps, jusqu'au moment où je tombe tout à coup dans le repos, comme on tomberait pour s'y noyer, dans un gouffre d'eau stagnante. Je ne le sens pas venir, comme autrefois,
95　ce sommeil perfide, caché près de moi, qui me guette, qui va me saisir par la tête, me fermer les yeux, m'anéantir.

Je dors – longtemps – deux ou trois heures – puis un rêve – non – un cauchemar m'étreint. Je sens bien que je suis couché et que je dors,… je le sens et je le sais… et je sens aussi que quel-
100　qu'un s'approche de moi, me regarde, me palpe, monte sur mon lit, s'agenouille sur ma poitrine, me prend le cou entre ses mains et serre… serre… de toute sa force pour m'étrangler.

Moi, je me débats, lié par cette impuissance atroce, qui nous paralyse dans les songes; je veux crier, – je ne peux pas; – je veux
105　remuer, – je ne peux pas; – j'essaye, avec des efforts affreux, en

---

1. Filet nerveux : nerf fin reliant les muscles au cerveau.

2. Congestion : accumulation de sang dans un organe ou un tissu.

3. Poltron : lâche, excessivement peureux.

haletant[1], de me tourner, de rejeter cet être qui m'écrase et qui m'étouffe, – je ne peux pas !

Et soudain, je m'éveille, affolé, couvert de sueur. J'allume une bougie. Je suis seul.

110 Après cette crise, qui se renouvelle toutes les nuits, je dors enfin, avec calme, jusqu'à l'aurore.

2 juin. – Mon état s'est encore aggravé. Qu'ai-je donc ? Le bromure n'y fait rien ; les douches n'y font rien. Tantôt, pour fatiguer mon corps, si las[2] pourtant, j'allai faire un tour dans la forêt 115 de Roumare[3]. Je crus d'abord que l'air frais, léger et doux, plein d'odeur d'herbes et de feuilles, me versait aux veines un sang nouveau, au cœur une énergie nouvelle. Je pris une grande avenue de chasse, puis je tournai vers La Bouille[4], par une allée étroite, entre deux armées d'arbres démesurément hauts qui met-120 taient un toit vert, épais, presque noir, entre le ciel et moi.

Un frisson me saisit soudain, non pas un frisson de froid, mais un étrange frisson d'angoisse.

Je hâtai le pas, inquiet d'être seul dans ce bois, apeuré sans raison, stupidement, par la profonde solitude. Tout à coup, il me 125 sembla que j'étais suivi, qu'on marchait sur mes talons, tout près, tout près, à me toucher.

Je me retournai brusquement. J'étais seul. Je ne vis derrière moi que la droite et large allée, vide, haute, redoutablement vide ; et de l'autre côté elle s'étendait aussi à perte vue, toute 130 pareille, effrayante.

Je fermai les yeux. Pourquoi ? Et je me mis à tourner sur un talon, très vite, comme une toupie. Je faillis tomber ; je rouvris les yeux ; les arbres dansaient ; la terre flottait ; je dus m'asseoir. Puis, ah ! je ne savais plus par où j'étais venu ! Bizarre idée !

---

1. *Haletant* : respirant avec précipitation, par saccades.
2. *Las* : fatigué.
3. *Roumare* : commune française de Normandie, à côté de la Seine.
4. *La Bouille* : hameau situé sur la rive gauche de la Seine, en aval de Rouen.

135 Bizarre ! Bizarre idée ! Je ne savais plus du tout. Je partis par le côté qui se trouvait à ma droite, et je revins dans l'avenue qui m'avait amené au milieu de la forêt.

3 juin. – La nuit a été horrible. Je vais m'absenter pendant quelques semaines. Un petit voyage, sans doute, me remettra.

140 *2 juillet.* – Je rentre. Je suis guéri. J'ai fait d'ailleurs une excursion charmante. J'ai visité le mont Saint-Michel[1] que je ne connaissais pas.

Quelle vision, quand on arrive, comme moi, à Avranches[2], vers la fin du jour ! La ville est sur une colline ; et on me conduisit 145 dans le jardin public, au bout de la cité. Je poussai un cri d'étonnement. Une baie démesurée s'étendait devant moi, à perte de vue, entre deux côtes écartées se perdant au loin dans les brumes ; et au milieu de cette immense baie jaune, sous un ciel d'or et de clarté s'élevait sombre et pointu un mont étrange, au 150 milieu des sables. Le soleil venait de disparaître, et sur l'horizon encore flamboyant se dessinait le profil de ce fantastique[3] rocher qui porte sur son sommet un fantastique monument.

Dès l'aurore, j'allai vers lui. La mer était basse, comme la veille au soir, et je regardais se dresser devant moi, à mesure que 155 j'approchais d'elle, la surprenante abbaye. Après plusieurs heures de marche, j'atteignis l'énorme bloc de pierres qui porte la petite cité dominée par la grande église. Ayant gravi la rue étroite et rapide, j'entrai dans la plus admirable demeure gothique construite pour Dieu sur la terre, vaste comme une 160 ville, pleine de salles basses écrasées sous des voûtes et de hautes galeries que soutiennent de frêles colonnes. J'entrai dans ce

---

1. *Mont Saint-Michel* : îlot rocheux situé à la limite de la Bretagne et de la Normandie. Il est célèbre pour les grandes marées de sa baie et pour son abbaye datant du Moyen Âge.
2. *Avranches* : commune située près du Mont-Saint-Michel. En arrivant à Avranches par l'est, on découvre le Mont-Saint-Michel dans le soleil couchant.
3. *Fantastique* : qui paraît imaginaire, surnaturel.

gigantesque bijou de granit, aussi léger qu'une dentelle, couvert de tours, de sveltes[1] clochetons, où montent des escaliers tordus, et qui lancent dans le ciel bleu des jours, dans le ciel noir des nuits, leurs têtes bizarres hérissées de chimères[2], de diables, de bêtes fantastiques, de fleurs monstrueuses, et reliés l'un à l'autre par de fines arches ouvragées.

Quand je fus sur le sommet, je dis au moine qui m'accompagnait : «Mon père, comme vous devez être bien ici!»

Il répondit : «Il y a beaucoup de vent, monsieur»; et nous nous mîmes à causer en regardant monter la mer, qui courait sur le sable et le couvrait d'une cuirasse d'acier.

Et le moine me conta des histoires, toutes les vieilles histoires de ce lieu, des légendes, toujours des légendes.

Une d'elles me frappa beaucoup. Les gens du pays, ceux du mont, prétendent qu'on entend parler la nuit dans les sables, puis qu'on entend bêler deux chèvres, l'une avec une voix forte, l'autre avec une voix faible. Les incrédules affirment que ce sont les cris des oiseaux de mer, qui ressemblent tantôt à des bêlements, et tantôt à des plaintes humaines; mais les pêcheurs attardés jurent avoir rencontré, rôdant sur les dunes, entre deux marées, autour de la petite ville jetée ainsi loin du monde, un vieux berger, dont on ne voit jamais la tête couverte de son manteau, et qui conduit, en marchant devant eux, un bouc à figure d'homme et une chèvre à figure de femme, tous deux avec de longs cheveux blancs et parlant sans cesse, se querellant dans une langue inconnue, puis cessant soudain de crier pour bêler de toute leur force.

Je dis au moine : «Y croyez-vous?»

Il murmura : «Je ne sais pas.»

Je repris : «S'il existait sur la terre d'autres êtres que nous, comment ne les connaîtrions-nous point depuis longtemps; comment ne les auriez-vous pas vus, vous? comment ne les aurais-je pas vus, moi?»

---

1. *Sveltes* : élancés, fins.
2. *Chimères* : monstres fabuleux.

Il répondit : «Est-ce que nous voyons la cent millième partie
195 de ce qui existe? Tenez, voici le vent, qui est la plus grande force
de la nature, qui renverse les hommes, abat les édifices, déracine
les arbres, soulève la mer en montagnes d'eau, détruit les
falaises, et jette aux brisants[1] les grands navires, le vent qui tue,
qui siffle, qui gémit, qui mugit, – l'avez-vous vu, et pouvez-vous
200 le voir? Il existe, pourtant.»

Je me tus devant ce simple raisonnement. Cet homme était un
sage ou peut-être un sot. Je ne l'aurais pu affirmer au juste; mais
je me tus. Ce qu'il disait là, je l'avais pensé souvent.

3 juillet. – J'ai mal dormi; certes, il y a ici une influence fié-
205 vreuse, car mon cocher souffre du même mal que moi. En rentrant hier, j'avais remarqué sa pâleur singulière. Je lui demandai :
«Qu'est-ce que vous avez, Jean?

– J'ai que je ne peux plus me reposer, monsieur, ce sont mes
nuits qui mangent mes jours. Depuis le départ de monsieur, cela
210 me tient comme un sort.»

Les autres domestiques vont bien cependant, mais j'ai grand
peur d'être repris, moi.

4 juillet. – Décidément, je suis repris. Mes cauchemars
anciens reviennent. Cette nuit, j'ai senti quelqu'un accroupi sur
215 moi, et qui, sa bouche sur la mienne, buvait ma vie entre mes
lèvres. Oui, il la puisait dans ma gorge, comme aurait fait une
sangsue. Puis il s'est levé, repu, et moi je me suis réveillé, tellement meurtri, brisé, anéanti, que je ne pouvais plus remuer. Si
cela continue encore quelques jours, je repartirai certainement.

220 *5 juillet.* – Ai-je perdu la raison? Ce qui s'est passé, ce que
j'ai vu la nuit dernière est tellement étrange, que ma tête s'égare
quand j'y songe!

Comme je le fais maintenant chaque soir, j'avais fermé ma
porte à clef; puis, ayant soif, je bus un demi-verre d'eau, et je

---

1. *Brisants* : récifs.

225 remarquai par hasard que ma carafe était pleine jusqu'au bouchon de cristal.

Je me couchai ensuite et je tombai dans un de mes sommeils épouvantables, dont je fus tiré au bout de deux heures environ par une secousse plus affreuse encore.

230 Figurez-vous un homme qui dort, qu'on assassine, et qui se réveille avec un couteau dans le poumon, et qui râle, couvert de sang, et qui ne peut plus respirer, et qui va mourir, et qui ne comprend pas – voilà.

Ayant enfin reconquis ma raison, j'eus soif de nouveau ; j'allu-235 mai une bougie et j'allai vers la table où était posée ma carafe. Je la soulevai en la penchant sur mon verre ; rien ne coula. – Elle était vide ! Elle était vide complètement ! D'abord, je n'y compris rien ; puis, tout à coup, je ressentis une émotion si terrible, que je dus m'asseoir, ou plutôt, que je tombai sur une chaise ! puis, je me 240 redressai d'un saut pour regarder autour de moi ! puis je me rassis, éperdu[1] d'étonnement et de peur, devant le cristal transparent ! Je le contemplais avec des yeux fixes, cherchant à deviner. Mes mains tremblaient ! On avait donc bu cette eau ? Qui ? Moi ? moi, sans doute ? Ce ne pouvait être que moi ? Alors, j'étais somnambule[2], 245 je vivais, sans le savoir, de cette double vie mystérieuse qui fait douter s'il y a deux êtres en nous, ou si un être étranger, inconnaissable et invisible, anime, par moments, quand notre âme est engourdie[3], notre corps captif qui obéit à cet autre, comme à nous-mêmes, plus qu'à nous-mêmes.

250 Ah ! qui comprendra mon angoisse abominable ? Qui comprendra l'émotion d'un homme, sain d'esprit, bien éveillé, plein de raison et qui regarde épouvanté, à travers le verre d'une carafe, un peu d'eau disparue pendant qu'il a dormi ! Et je restai là jusqu'au jour, sans oser regagner mon lit.

---

1. *Éperdu* : désemparé.
2. *Somnambule* : souffrant d'un trouble du sommeil qui pousse à accomplir inconsciemment des gestes pendant la nuit (parole, marche, etc.).
3. *Engourdie* : affaiblie, endormie.

255 *6 juillet*. – Je deviens fou. On a encore bu toute ma carafe cette nuit ; – ou plutôt, je l'ai bue !

Mais, est-ce moi ? Est-ce moi ? Qui serait-ce ? Qui ? Oh ! mon Dieu ! Je deviens fou ? Qui me sauvera ?

10 juillet. – Je viens de faire des épreuves[1] surprenantes.

260 Décidément, je suis fou ! Et pourtant !

Le 6 juillet, avant de me coucher, j'ai placé sur ma table du vin, du lait, de l'eau, du pain et des fraises.

On a bu – j'ai bu – toute l'eau, et un peu de lait. On n'a touché ni au vin, ni au pain, ni aux fraises.

265 Le 7 juillet, j'ai renouvelé la même épreuve, qui a donné le même résultat.

Le 8 juillet, j'ai supprimé l'eau et le lait. On n'a touché à rien.

Le 9 juillet enfin, j'ai remis sur ma table l'eau et le lait seulement, en ayant soin d'envelopper les carafes en des linges de
270 mousseline[2] blanche et de ficeler les bouchons. Puis, j'ai frotté mes lèvres, ma barbe, mes mains avec de la mine de plomb[3], et je me suis couché.

L'invincible sommeil m'a saisi, suivi bientôt de l'atroce réveil. Je n'avais point remué ; mes draps eux-mêmes ne portaient pas
275 de taches. Je m'élançai vers ma table. Les linges enfermant les bouteilles étaient demeurés immaculés[4]. Je déliai les cordons, en palpitant[5] de crainte. On avait bu toute l'eau ! on avait bu tout le lait ! Ah ! mon Dieu !…

Je vais partir tout à l'heure pour Paris.

280 *12 juillet*. – Paris. J'avais donc perdu la tête les jours derniers ! J'ai dû être le jouet de mon imagination énervée[6], à moins que

---

1. *Épreuves* : expériences.
2. *Mousseline* : toile de coton claire.
3. *Mine de plomb* : plombagine, ou graphite, mélange d'ocre et de carbone utilisé pour fabriquer les crayons. Ainsi barbouillé, le narrateur ne peut toucher au linge sans y laisser des traces visibles.
4. *Immaculés* : sans tache.
5. *Palpitant* : étant agité de mouvements irréguliers.
6. *Énervée* : ici, stimulée, excitée.

je ne sois vraiment somnambule, ou que j'aie subi une de ces influences constatées, mais inexplicables jusqu'ici, qu'on appelle suggestions[1]. En tout cas, mon affolement touchait à la
285 démence, et vingt-quatre heures de Paris ont suffi pour me remettre d'aplomb.

Hier après des courses et des visites, qui m'ont fait passer dans l'âme de l'air nouveau et vivifiant, j'ai fini ma soirée au Théâtre-Français[2]. On y jouait une pièce d'Alexandre Dumas
290 fils[3]; et cet esprit alerte[4] et puissant a achevé de me guérir. Certes, la solitude est dangereuse pour les intelligences qui travaillent[5]. Il nous faut, autour de nous, des hommes qui pensent et qui parlent. Quand nous sommes seuls longtemps, nous peuplons le vide de fantômes[6].
295 Je suis rentré à l'hôtel très gai, par les boulevards[7]. Au coudoiement de la foule[8], je songeais, non sans ironie, à mes terreurs, à mes suppositions de l'autre semaine, car j'ai cru, oui, j'ai cru qu'un être invisible habitait sous mon toit. Comme notre

---

1. *Suggestions* : faits de faire naître des idées ou des sentiments chez un individu, sans que la conscience et la volonté de ce dernier prennent part à ce processus. Par exemple, lors d'une séance d'hypnose, l'hypnotiseur peut donner un ordre au sujet hypnotisé. Une fois sorti de l'état hypnotique, ce dernier confond cet ordre avec sa propre volonté.
2. *Théâtre-Français* : salle de théâtre parisienne, aujourd'hui la Comédie-Française.
3. *Alexandre Dumas fils* (1824-1895) : auteur dramatique et romancier, il a notamment écrit *La Dame aux camélias*. Il était l'ami de Maupassant.
4. *Alerte* : vif.
5. *Travaillent* : s'agitent, fonctionnent excessivement.
6. Sur ce point, Maupassant exprime des idées contradictoires dans sa correspondance. Dans une lettre à Gisèle d'Estoc (1881), il écrit : «J'aime immodérément être seul.» Mais dans une lettre à sa mère (24 septembre 1873), il évoque la solitude en ces termes : «J'éprouve souvent quand je suis seul devant ma table, avec ma triste lampe qui brûle devant moi, des moments de détresse si complets que je ne sais à qui me jeter.»
7. *Boulevards* : lieux de promenade de Paris très fréquentés, allant de la place de la Bastille à l'église de la Madeleine.
8. *Au coudoiement de la foule* : en me frayant un chemin dans la foule.

tête est faible et s'effare[1], et s'égare vite, dès qu'un petit fait
300 incompréhensible nous frappe!

Au lieu de conclure par ces simples mots : «Je ne comprends
pas parce que la cause m'échappe», nous imaginons aussitôt des
mystères effrayants et des puissances surnaturelles.

14 juillet. – Fête de la République[2]. Je me suis promené par
305 les rues. Les pétards et les drapeaux m'amusaient comme un
enfant. C'est pourtant fort bête d'être joyeux, à date fixe, par
décret du gouvernement. Le peuple est un troupeau imbécile,
tantôt stupidement patient et tantôt férocement révolté. On lui
dit : «Amuse-toi.» Il s'amuse. On lui dit : «Va te battre avec le
310 voisin[3].» Il va se battre. On lui dit : «Vote pour l'Empereur.» Il
vote pour l'Empereur. Puis, on lui dit : «Vote pour la République.» Et il vote pour la République[4].

Ceux qui le dirigent sont aussi sots; mais au lieu d'obéir à des
hommes, ils obéissent à des principes, lesquels ne peuvent être
315 que niais, stériles et faux, par cela même qu'ils sont des principes, c'est-à-dire des idées réputées certaines et immuables, en
ce monde où l'on n'est sûr de rien, puisque la lumière est une
illusion, puisque le bruit est une illusion.

16 juillet. – J'ai vu hier des choses qui m'ont beaucoup
320 troublé.

Je dînais chez ma cousine, Mme Sablé, dont le mari com-
mande le 76e chasseurs[5] à Limoges[6]. Je me trouvais chez elle
avec deux jeunes femmes, dont l'une a épousé un médecin, le

---

1. *S'effare* : se trouble, est stupéfaite.
2. Fête nationale française depuis 1880.
3. Allusion à la guerre qui a opposé la France à l'Allemagne en 1870, et qui
s'est soldée par la victoire de l'Allemagne.
4. La France a souvent changé de régime politique au XIXe siècle, passant de
la monarchie à la république (en 1848) puis au Second Empire (en 1852)
avant de rétablir la république (en 1870).
5. *76e chasseurs* : 76e régiment de chasseurs, qui sont un corps d'infanterie.
6. *Limoges* : ville principale du Limousin.

docteur Parent[1], qui s'occupe beaucoup des maladies nerveuses
325 et des manifestations extraordinaires[2] auxquelles donnent lieu
en ce moment les expériences sur l'hypnotisme et la suggestion[3].

Il nous raconta longuement les résultats prodigieux obtenus
par des savants anglais[4] et par les médecins de l'école de Nancy[5].

Les faits qu'il avança me parurent tellement bizarres, que je
330 me déclarai tout à fait incrédule.

«Nous sommes, affirmait-il, sur le point de découvrir un des
plus importants secrets de la nature, je veux dire, un de ses plus
importants secrets sur cette terre; car elle en a certes d'autrement
importants, là-bas, dans les étoiles. Depuis que l'homme pense,
335 depuis qu'il sait dire et écrire sa pensée, il se sent frôlé par un
mystère impénétrable pour ses sens grossiers et imparfaits, et il
tâche de suppléer, par l'effort de son intelligence, à[6] l'impuissance de ses organes. Quand cette intelligence demeurait encore
à l'état rudimentaire[7], cette hantise[8] des phénomènes invisibles
340 a pris des formes banalement effrayantes. De là sont nées les

---

1. Le docteur Parent semble être un personnage récurrent de l'œuvre de Maupassant. L'auteur a écrit une nouvelle intitulée «Monsieur Parent» en 1885.
Voir aussi «Un fou?», p. 73-80.
2. *Extraordinaires* : qui sortent de l'ordinaire, au sens propre.
3. Entre 1884 et 1886, Maupassant a assisté, à l'hôpital de la Salpêtrière, à
des séances de «grand hypnotisme» du docteur Charcot (1825-1893), prati-
quées à des fins thérapeutiques, sur des sujets hystériques. Dans *l'hypnotisme*, un individu est mis dans un état de sommeil qui se caractérise par une
insensibilité ou, au contraire, par une très forte acuité. Sur la *suggestion*,
voir note 1, p. 19.
4. Par exemple James Braid (1795-1860), chirurgien et savant britannique
qui utilisait notamment l'hypnotisme lors d'interventions chirurgicales, pour
anesthésier le patient.
5. L'école de Nancy, aussi appelée l'école de la suggestion, réunit le professeur de médecine Hippolyte Bernheim, le juriste Jules Liégeois et le médecin
Henri Étienne Beaunis. Avec l'école de la Salpêtrière, c'était le plus important
centre de recherches relatives à l'hypnose.
6. *Suppléer* […] *à* : pallier, atténuer.
7. *Rudimentaire* : grossier.
8. *Hantise* : crainte obsédante.

croyances populaires au surnaturel, les légendes des esprits rôdeurs, des fées, des gnomes, des revenants, je dirai même la légende de Dieu, car nos conceptions de l'ouvrier-créateur[1], de quelque religion qu'elles nous viennent, sont bien les inventions 345 les plus médiocres, les plus stupides, les plus inacceptables sorties du cerveau apeuré des créatures. Rien de plus vrai que cette parole de Voltaire : "Dieu a fait l'homme à son image, mais l'homme le lui a bien rendu[2]."

«Mais, depuis un peu plus d'un siècle, on semble pressentir 350 quelque chose de nouveau. Mesmer[3] et quelques autres nous ont mis sur une voie inattendue, et nous sommes arrivés vraiment, depuis quatre ou cinq ans surtout, à des résultats surprenants.»

Ma cousine, très incrédule aussi, souriait. Le docteur Parent lui dit : «Voulez-vous que j'essaie de vous endormir, madame ? 355 – Oui, je veux bien.»

Elle s'assit dans un fauteuil et il commença à la regarder fixement en la fascinant. Moi, je me sentis soudain un peu troublé, le cœur battant, la gorge serrée. Je voyais les yeux de Mme Sablé s'alourdir, sa bouche se crisper, sa poitrine haleter.

360 Au bout de dix minutes, elle dormait.

«Mettez-vous derrière elle», dit le médecin.

Et je m'assis derrière elle. Il lui plaça entre les mains une carte de visite en lui disant : «Ceci est un miroir ; que voyez-vous dedans ?»

365 Elle répondit :

«Je vois mon cousin.

---

1. **Ouvrier-créateur** : image qui désigne Dieu, conçu comme architecte de l'univers ou «démiurge».
2. Citation inspirée du *Sottisier* de Voltaire (1694-1778). La citation exacte est : «Si Dieu nous a faits à son image, nous le lui avons bien rendu.»
3. **Franz Anton Mesmer** (1734-1815) : médecin allemand, à l'origine de la doctrine du magnétisme animal, dite mesmérisme. Cette doctrine affirme qu'une sorte de fluide magnétique passe d'un individu à l'autre. On peut utiliser ce fluide et, par des attouchements spécifiques, des regards et des mouvements, mettre un tiers dans un état qui favorise la suggestion et même la guérison de certaines maladies nerveuses. Voir présentation, p. 18-19.

– Que fait-il ?

– Il se tord la moustache.

– Et maintenant ?

370 – Il tire de sa poche une photographie.

– Quelle est cette photographie ?

– La sienne. »

C'était vrai ! Et cette photographie venait de m'être livrée, le soir même, à l'hôtel.

375 « Comment est-il sur ce portrait ?

– Il se tient debout avec son chapeau à la main. »

Donc elle voyait dans cette carte, dans ce carton blanc, comme elle eût vu dans une glace.

Les jeunes femmes, épouvantées, disaient : « Assez ! Assez ! 380 Assez ! »

Mais le docteur ordonna : « Vous vous lèverez demain à huit heures ; puis vous irez trouver à son hôtel votre cousin, et vous le supplierez de vous prêter cinq mille francs que votre mari vous demande et qu'il vous réclamera à son prochain voyage. »

385 Puis il la réveilla.

En rentrant à l'hôtel, je songeais à cette curieuse séance et des doutes m'assaillirent, non point sur l'absolue, sur l'insoupçonnable bonne foi de ma cousine, que je connaissais comme une sœur, depuis l'enfance, mais sur une supercherie[1] possible du 390 docteur. Ne dissimulait-il pas dans sa main une glace qu'il montrait à la jeune femme endormie, en même temps que sa carte de visite ? Les prestidigitateurs[2] de profession font des choses autrement singulières.

Je rentrai donc et je me couchai.

395 Or, ce matin, vers huit heures et demie, je fus réveillé par mon valet de chambre qui me dit :

---

1. *Supercherie* : tromperie.
2. *Prestidigitateurs* : illusionnistes, artistes qui exécutent des tours de magie grâce à des mouvements des doigts très rapides.

«C'est Mme Sablé qui demande à parler à monsieur tout de suite.»

Je m'habillai à la hâte et je la reçus.

400 Elle s'assit fort troublée, les yeux baissés, et, sans lever son voile[1], elle me dit :

«Mon cher cousin, j'ai un gros service à vous demander.

– Lequel, ma cousine ?

– Cela me gêne beaucoup de vous le dire, et pourtant, il le
405 faut. J'ai besoin, absolument besoin, de cinq mille francs.

– Allons donc, vous ?

– Oui, moi, ou plutôt mon mari, qui me charge de les trouver.»

J'étais tellement stupéfait, que je balbutiais mes réponses. Je
410 me demandais si vraiment elle ne s'était pas moquée de moi avec le docteur Parent, si ce n'était pas là une simple farce préparée d'avance et fort bien jouée.

Mais, en la regardant avec attention, tous mes doutes se dissipèrent. Elle tremblait d'angoisse, tant cette démarche lui était dou-
415 loureuse, et je compris qu'elle avait la gorge pleine de sanglots.

Je la savais fort riche et je repris :

«Comment ! votre mari n'a pas cinq mille francs à sa disposition ! Voyons, réfléchissez. Êtes-vous sûre qu'il vous a chargée de me les demander ?»

420 Elle hésita quelques secondes comme si elle eût fait un grand effort pour chercher dans son souvenir, puis elle répondit :

«Oui..., oui..., j'en suis sûre.

– Il vous a écrit ?»

Elle hésita encore, réfléchissant. Je devinai le travail torturant
425 de sa pensée. Elle ne savait pas. Elle savait seulement qu'elle devait m'emprunter cinq mille francs pour son mari. Donc elle osa mentir.

---

1. Les femmes attachaient alors à leur coiffe un morceau de tissu translucide (gaze, dentelle) qui protégeait leur visage du vent, de la pluie et des regards des inconnus.

«Oui, il m'a écrit.

– Quand donc? Vous ne m'avez parlé de rien, hier.

430 – J'ai reçu sa lettre ce matin.

– Pouvez-vous me la montrer?

– Non... non... non... elle contenait des choses intimes... trop personnelles... je l'ai... je l'ai brûlée.

– Alors, c'est que votre mari fait des dettes.»

435 Elle hésita encore, puis murmura :

«Je ne sais pas.»

Je déclarai brusquement :

«C'est que je ne puis disposer de cinq mille francs en ce moment, ma chère cousine.»

440 Elle poussa une sorte de cri de souffrance.

«Oh! oh! je vous en prie, je vous en prie, trouvez-les...»

Elle s'exaltait, joignait les mains comme si elle m'eût prié! J'entendais sa voix changer de ton; elle pleurait et bégayait, harcelée, dominée par l'ordre irrésistible qu'elle avait reçu.

445 «Oh! oh! je vous en supplie... Si vous saviez comme je souffre... il me les faut aujourd'hui.»

J'eus pitié d'elle.

«Vous les aurez tantôt[1], je vous le jure.»

Elle s'écria :

450 «Oh! merci! merci! Que vous êtes bon.»

Je repris : «Vous rappelez-vous ce qui s'est passé hier soir chez vous?

– Oui.

– Vous rappelez-vous que le docteur Parent vous a
455 endormie?

– Oui.

– Eh! bien, il vous a ordonné de venir m'emprunter ce matin cinq mille francs, et vous obéissez en ce moment à cette suggestion.»

---

1. *Tantôt* : dans peu de temps.

460 Elle réfléchit quelques secondes et répondit :

«Puisque c'est mon mari qui les demande.»

Pendant une heure, j'essayai de la convaincre, mais je n'y pus parvenir.

Quand elle fut partie, je courus chez le docteur. Il allait sortir;
465 et il m'écouta en souriant. Puis il dit :

«Croyez-vous maintenant?

– Oui, il le faut bien.

– Allons chez votre parente.»

Elle sommeillait déjà sur une chaise longue, accablée de
470 fatigue. Le médecin lui prit le pouls, la regarda quelque temps, une main levée vers ses yeux qu'elle ferma peu à peu sous l'effort insoutenable de cette puissance magnétique.

Quand elle fut endormie :

«Votre mari n'a plus besoin de cinq mille francs ! Vous allez
475 donc oublier que vous avez prié votre cousin de vous les prêter, et, s'il vous parle de cela, vous ne comprendrez pas.»

Puis il la réveilla. Je tirai de ma poche un portefeuille :

«Voici, ma chère cousine, ce que vous m'avez demandé ce matin.»

480 Elle fut tellement surprise que je n'osai pas insister. J'essayai cependant de ranimer sa mémoire, mais elle nia avec force, crut que je me moquais d'elle, et faillit, à la fin, se fâcher.

....

Voilà! je viens de rentrer; et je n'ai pu déjeuner, tant cette expérience m'a bouleversé.

485 *19 juillet.* – Beaucoup de personnes à qui j'ai raconté cette aventure se sont moquées de moi. Je ne sais plus que penser. Le sage dit : Peut-être?

21 juillet. – J'ai été dîner à Bougival[1], puis j'ai passé la soirée au bal des canotiers. Décidément, tout dépend des lieux et des

---

1. *Bougival* : commune française, située dans les Yvelines, au bord de la Seine. Il était très fréquent d'aller y passer la soirée, dans les différents bals où dansaient les amateurs de promenade en canot sur le fleuve (Maupassant lui-même pratiquait volontiers ce loisir nommé canotage).

490 milieux. Croire au surnaturel dans l'île de la Grenouillère[1], serait le comble de la folie... mais au sommet du mont Saint-Michel?... mais dans les Indes? Nous subissons effroyablement l'influence de ce qui nous entoure. Je rentrerai chez moi la semaine prochaine.

495 *30 juillet.* – Je suis revenu dans ma maison depuis hier. Tout va bien.

2 août. – Rien de nouveau; il fait un temps superbe. Je passe mes journées à regarder couler la Seine.

4 août. – Querelles parmi mes domestiques. Ils prétendent
500 qu'on casse les verres, la nuit, dans les armoires. Le valet de chambre accuse la cuisinière, qui accuse la lingère, qui accuse les deux autres. Quel est le coupable? Bien fin qui le dirait?

6 août. – Cette fois, je ne suis pas fou. J'ai vu... j'ai vu... j'ai vu!... Je ne puis plus douter... j'ai vu!... J'ai encore froid jusque
505 dans les ongles... j'ai encore peur jusque dans les moelles[2]... j'ai vu!...

Je me promenais à deux heures, en plein soleil, dans mon parterre de rosiers... dans l'allée des rosiers d'automne qui commencent à fleurir.

510 Comme je m'arrêtais à regarder un *géant des batailles*[3], qui portait trois fleurs magnifiques, je vis, je vis distinctement, tout près de moi, la tige d'une de ces roses se plier, comme si une main invisible l'eût tordue, puis se casser comme si cette main l'eût cueillie! Puis la fleur s'éleva, suivant la courbe qu'aurait
515 décrite un bras en la portant vers une bouche, et elle resta suspendue dans l'air transparent, toute seule, immobile, effrayante tache rouge à trois pas de mes yeux.

---

1. *Île de la Grenouillère* (ou île de la Chaussée, ou encore île de Croissy): île de la Seine, lieu de canotage, de bain, de bal et de détente. Maupassant parle du «café flottant de la Grenouillère» dans *Yvette*, nouvelle de 1884.
2. *Moelle*: partie interne des os. «Avoir peur jusque dans les moelles» signifie ressentir une crainte démesurée, très profonde.
3. *Géant des batailles*: variété de rosier.

Éperdu, je me jetai sur elle pour la saisir! Je ne trouvai rien; elle avait disparu. Alors je fus pris d'une colère furieuse contre 520 moi-même; car il n'est pas permis à un homme raisonnable et sérieux d'avoir de pareilles hallucinations.

Mais était-ce bien une hallucination? Je me retournai pour chercher la tige, et je la retrouvai immédiatement sur l'arbuste, fraîchement brisée, entre les deux autres roses demeurées à la 525 branche.

Alors, je rentrai chez moi l'âme bouleversée; car je suis certain, maintenant, certain comme de l'alternance des jours et des nuits, qu'il existe près de moi un être invisible, qui se nourrit de lait et d'eau, qui peut toucher aux choses, les prendre et les chan- 530 ger de place, doué par conséquent d'une nature matérielle, bien qu'imperceptible pour nos sens, et qui habite comme moi, sous mon toit...

7 août. – J'ai dormi tranquille. Il a bu l'eau de ma carafe, mais n'a point troublé mon sommeil.

535 Je me demande si je suis fou. En me promenant, tantôt au grand soleil, le long de la rivière, des doutes me sont venus sur ma raison, non point des doutes vagues comme j'en avais jusqu'ici, mais des doutes précis, absolus. J'ai vu des fous; j'en ai connu qui restaient intelligents, lucides, clairvoyants même sur 540 toutes les choses de la vie, sauf sur un point. Ils parlaient de tout avec clarté, avec souplesse, avec profondeur, et soudain leur pensée touchant l'écueil[1] de leur folie, s'y déchirait en pièces, s'éparpillait et sombrait dans cet océan effrayant et furieux, plein de vagues bondissantes, de brouillards, de bourrasques, qu'on 545 nomme «la démence».

Certes, je me croirais fou, absolument fou, si je n'étais conscient, si je ne connaissais parfaitement mon état, si je ne le

---

1. *Écueil* : récif; obstacle. Le narrateur évoque certains cas de psychose où le patient peut avoir des raisonnements tout à fait normaux, sauf lorsqu'il s'agit de l'idée qui est source de sa folie.

sondais en l'analysant avec une complète lucidité. Je ne serais donc, en somme, qu'un halluciné raisonnant. Un trouble
550 inconnu se serait produit dans mon cerveau, un de ces troubles qu'essayent de noter et de préciser aujourd'hui les physiologistes[1]; et ce trouble aurait déterminé dans mon esprit, dans l'ordre et la logique de mes idées, une crevasse profonde. Des phénomènes semblables ont lieu dans le rêve qui nous promène
555 à travers les fantasmagories[2] les plus invraisemblables, sans que nous en soyons surpris, parce que l'appareil vérificateur, parce que le sens du contrôle est endormi; tandis que la faculté imaginative veille et travaille. Ne se peut-il pas qu'une des imperceptibles touches du clavier cérébral se trouve paralysée chez moi?
560 Des hommes, à la suite d'accidents, perdent la mémoire des noms propres ou des verbes ou des chiffres, ou seulement des dates. Les localisations de toutes les parcelles de la pensée sont aujourd'hui prouvées. Or, quoi d'étonnant à ce que ma faculté de contrôler l'irréalité de certaines hallucinations, se trouve
565 engourdie chez moi en ce moment!

Je songeais à tout cela en suivant le bord de l'eau. Le soleil couvrait de clarté la rivière, faisait la terre délicieuse, emplissait mon regard d'amour pour la vie, pour les hirondelles, dont l'agilité est une joie de mes yeux, pour les herbes de la rive, dont le
570 frémissement est un bonheur de mes oreilles.

Peu à peu, cependant un malaise inexplicable me pénétrait. Une force, me semblait-il, une force occulte m'engourdissait, m'arrêtait, m'empêchait d'aller plus loin, me rappelait en arrière. J'éprouvais ce besoin douloureux de rentrer qui vous oppresse,
575 quand on a laissé au logis un malade aimé, et que le pressentiment vous saisit d'une aggravation de son mal.

---

1. Les *physiologistes* s'intéressent aux fonctions des organes et aux phénomènes de la vie. Leur compréhension de l'humain est mécaniste. Un trouble psychologique sera ainsi expliqué par un trouble physiologique.
2. *Fantasmagories* : chimères, illusions.

Donc, je revins malgré moi, sûr que j'allais trouver, dans ma maison, une mauvaise nouvelle, une lettre ou une dépêche. Il n'y avait rien ; et je demeurai plus surpris et plus inquiet que si j'avais
580 eu de nouveau quelque vision fantastique.

8 août. – J'ai passé hier une affreuse soirée. Il ne se manifeste plus, mais je le sens près de moi, m'épiant, me regardant, me pénétrant, me dominant et plus redoutable, en se cachant ainsi, que s'il signalait par des phénomènes surnaturels sa présence
585 invisible et constante.

J'ai dormi, pourtant.

9 août. – Rien ; mais j'ai peur.

10 août. – Rien ; qu'arrivera-t-il demain ?

11 août. – Toujours rien ; je ne puis plus rester chez moi avec
590 cette crainte et cette pensée entrées en mon âme ; je vais partir.

12 août, 10 heures du soir. – Tout le jour j'ai voulu m'en aller ; je n'ai pas pu. J'ai voulu accomplir cet acte de liberté si facile, si simple, – sortir – monter dans ma voiture pour gagner Rouen – je n'ai pas pu. Pourquoi ?

595 *13 août.* – Quand on est atteint par certaines maladies, tous les ressorts de l'être physique semblent brisés, toutes les énergies anéanties, tous les muscles relâchés, les os devenus mous comme la chair et la chair liquide comme de l'eau. J'éprouve cela dans mon être moral d'une façon étrange et désolante. Je n'ai plus
600 aucune force, aucun courage, aucune domination sur moi, aucun pouvoir même de mettre en mouvement ma volonté. Je ne peux plus vouloir ; mais quelqu'un veut pour moi ; et j'obéis.

14 août. – Je suis perdu ! Quelqu'un possède mon âme et la gouverne ! quelqu'un ordonne tous mes actes, tous mes mouve-
605 ments, toutes mes pensées. Je ne suis plus rien en moi, rien qu'un spectateur esclave et terrifié de toutes les choses que j'accomplis. Je désire sortir. Je ne peux pas. Il ne veut pas ; et je reste, éperdu, tremblant, dans le fauteuil où il me tient assis. Je désire seulement me lever, me soulever, afin de me croire encore maître de

610 moi. Je ne peux pas! Je suis rivé à mon siège; et mon siège
adhère au sol, de telle sorte qu'aucune force ne nous soulèverait.

Puis, tout d'un coup, il faut, il faut, il faut que j'aille au fond
de mon jardin cueillir des fraises et les manger. Et j'y vais. Je
cueille des fraises et je les mange! Oh! mon Dieu! Mon Dieu!
615 Mon Dieu! Est-il un Dieu? S'il en est un, délivrez-moi, sauvez-
moi! secourez-moi! Pardon! Pitié! Grâce! Sauvez-moi! Oh!
quelle souffrance! quelle torture! quelle horreur!

15 août. – Certes, voilà comment était possédée et dominée
ma pauvre cousine, quand elle est venue m'emprunter cinq mille
620 francs[1]. Elle subissait un vouloir étranger entré en elle, comme
une autre âme, comme une autre âme parasite et dominatrice.
Est-ce que le monde va finir?

Mais celui qui me gouverne, quel est-il, cet invisible? cet
inconnaissable, ce rôdeur d'une race surnaturelle?

625 Donc les Invisibles existent! Alors, comment depuis l'origine
du monde ne se sont-ils pas encore manifestés d'une façon précise comme ils le font pour moi? Je n'ai jamais rien lu qui res-
semble à ce qui s'est passé dans ma demeure. Oh! si je pouvais
la quitter, si je pouvais m'en aller, fuir et ne pas revenir. Je serais
630 sauvé, mais je ne peux pas.

16 août. – J'ai pu m'échapper aujourd'hui pendant deux
heures, comme un prisonnier qui trouve ouverte, par hasard, la
porte de son cachot. J'ai senti que j'étais libre tout à coup et qu'il
était loin. J'ai ordonné d'atteler bien vite et j'ai gagné Rouen.
635 Oh! quelle joie de pouvoir dire à un homme qui obéit : «Allez
à Rouen!»

Je me suis fait arrêter devant la bibliothèque et j'ai prié qu'on
me prêtât le grand traité du docteur Hermann Herestauss[2] sur
les habitants inconnus du monde antique et moderne.

---

1. Le récit fait ici un parallèle très clair entre la situation du narrateur et le
magnétisme et l'hypnotisme.
2. Ce personnage est inventé par Maupassant. Son nom pourrait être forgé
sur l'allemand *Herr ist aus* («monsieur est ailleurs/dehors»).

640   Puis, au moment de remonter dans mon coupé[1], j'ai voulu
dire : «À la gare!» et j'ai crié, – je n'ai pas dit, j'ai crié – d'une
voix si forte que les passants se sont retournés : «À la maison»,
et je suis tombé, affolé d'angoisse, sur le coussin de ma voiture.
Il m'avait retrouvé et repris.

645   *17 août.* – Ah! Quelle nuit! quelle nuit! Et pourtant il me
semble que je devrais me réjouir. Jusqu'à une heure du matin, j'ai
lu! Hermann Herestauss, docteur[2] en philosophie et en théogonie[3], a écrit l'histoire et les manifestations de tous les êtres invisibles rôdant autour de l'homme ou rêvés par lui. Il décrit leurs
650 origines, leur domaine, leur puissance. Mais aucun d'eux ne res-
semble à celui qui me hante. On dirait que l'homme, depuis qu'il
pense, a pressenti et redouté un être nouveau, plus fort que lui,
son successeur en ce monde, et que, le sentant proche et ne pouvant prévoir la nature de ce maître, il a créé, dans sa terreur, tout
655 le peuple fantastique des êtres occultes, fantômes vagues nés de
la peur.

    Donc, ayant lu jusqu'à une heure du matin, j'ai été m'asseoir
ensuite auprès de ma fenêtre ouverte pour rafraîchir mon front
et ma pensée au vent calme de l'obscurité.

660   Il faisait bon, il faisait tiède! Comme j'aurais aimé cette nuit-
là autrefois!

    Pas de lune. Les étoiles avaient au fond du ciel noir des scin-
tillements frémissants. Qui habite ces mondes? Quelles formes,
quels vivants, quels animaux, quelles plantes sont là-bas? Ceux
665 qui pensent dans ces univers lointains, que savent-ils plus que
nous? Que peuvent-ils plus que nous? Que voient-ils que nous

---

1. *Coupé* : voiture fermée, tirée par des chevaux, à deux places et quatre
roues.
2. *Docteur* : savant, titulaire d'un doctorat.
3. *Théogonie* : ici, ensemble des divinités des religions polythéistes. Au sens
premier, le terme désigne un récit mythique racontant la naissance des dieux,
le plus célèbre étant la *Théogonie* d'Hésiode (poète grec du VIIIe siècle avant
notre ère).

ne connaissons point ? Un d'eux, un jour ou l'autre, traversant l'espace, n'apparaîtra-t-il pas sur notre terre pour la conquérir, comme les Normands[1] jadis traversaient la mer pour asservir des
670 peuples plus faibles.

Nous sommes si infirmes, si désarmés, si ignorants, si petits, nous autres, sur ce grain de boue qui tourne délayé[2] dans une goutte d'eau.

Je m'assoupis en rêvant ainsi au vent frais du soir.

675 Or, ayant dormi environ quarante minutes, je rouvris les yeux sans faire un mouvement, réveillé par je ne sais quelle émotion confuse et bizarre. Je ne vis rien d'abord, puis, tout à coup, il me sembla qu'une page du livre resté ouvert sur ma table venait de tourner toute seule. Aucun souffle d'air n'était entré par ma
680 fenêtre. Je fus surpris et j'attendis. Au bout de quatre minutes environ, je vis, je vis, oui, je vis de mes yeux une autre page se soulever et se rabattre sur la précédente, comme si un doigt l'eût feuilletée. Mon fauteuil était vide, semblait vide ; mais je compris qu'il était là, lui, assis à ma place, et qu'il lisait. D'un bond
685 furieux, d'un bond de bête révoltée, qui va éventrer son dompteur, je traversai ma chambre pour le saisir, pour l'étreindre, pour le tuer !... Mais mon siège, avant que je l'eusse atteint, se renversa comme si on eût fui devant moi... ma table oscilla, ma lampe tomba et s'éteignit, et ma fenêtre se ferma comme si un
690 malfaiteur surpris se fût élancé dans la nuit, en prenant à pleines mains les battants.

Donc, il s'était sauvé ; il avait eu peur, peur de moi, lui !

Alors,... alors... demain... ou après,... ou un jour quelconque,... je pourrai donc le tenir sous mes poings, et l'écraser
695 contre le sol ! Est-ce que les chiens, quelquefois, ne mordent point et n'étranglent pas leurs maîtres ?

---

1. *Normands* : ici, les Vikings, dont les conquêtes allèrent jusqu'à la Sicile et au Proche-Orient.
2. *Délayé* : dilué.

18 août. – J'ai songé toute la journée. Oh! oui, je vais lui obéir, suivre ses impulsions, accomplir toutes ses volontés, me faire humble, soumis, lâche. Il est le plus fort. Mais une heure viendra…

19 août. – Je sais… je sais… je sais tout! Je viens de lire ceci dans la *Revue du Monde Scientifique* : «Une nouvelle assez curieuse nous arrive de Rio de Janeiro[1]. Une folie, une épidémie de folie, comparable aux démences contagieuses qui atteignirent les peuples d'Europe au Moyen Âge, sévit en ce moment dans la province de San-Paulo[2]. Les habitants éperdus quittent leurs maisons, désertent leurs villages, abandonnent leurs cultures, se disant poursuivis, possédés, gouvernés comme un bétail humain par des êtres invisibles bien que tangibles[3], des sortes de vampires qui se nourrissent de leur vie, pendant leur sommeil, et qui boivent en outre de l'eau et du lait sans paraître toucher à aucun autre aliment.

«M. le professeur Don Pedro Henriquez, accompagné de plusieurs savants médecins, est parti pour la province de San-Paulo, afin d'étudier sur place les origines et les manifestations de cette surprenante folie, et de proposer à l'Empereur[4] les mesures qui lui paraîtront le plus propres à rappeler à la raison ces populations en délire.»

Ah! Ah! je me rappelle, je me rappelle le beau trois-mâts brésilien qui passa sous mes fenêtres en remontant la Seine, le 8 mai dernier! Je le trouvai si joli, si blanc, si gai! L'Être était dessus, venant de là-bas, où sa race est née! Et il m'a vu! Il a vu ma demeure blanche aussi; et il a sauté du navire sur la rive. Oh! mon Dieu!

À présent, je sais, je devine. Le règne de l'homme est fini.

---

1. *Rio de Janeiro* : grande ville brésilienne.
2. *San-Paulo* : São Paulo, la plus grande ville du Brésil.
3. *Tangibles* : que l'on peut toucher.
4. Il s'agit de Pierre II, empereur du Brésil, qui est une monarchie constitutionnelle de 1824 à 1889.

Il est venu, Celui que redoutaient les premières terreurs des peuples naïfs, Celui qu'exorcisaient[1] les prêtres inquiets, que les sorciers évoquaient[2] par les nuits sombres, sans le voir apparaître encore, à qui les pressentiments des maîtres passagers du
730 monde prêtèrent toutes les formes monstrueuses ou gracieuses des gnomes, des esprits, des génies, des fées, des farfadets[3]. Après les grossières conceptions de l'épouvante primitive, des hommes plus perspicaces l'ont pressenti plus clairement. Mesmer l'avait deviné, et les médecins, depuis dix ans déjà, ont
735 découvert, d'une façon précise, la nature de sa puissance avant qu'il l'eût exercée lui-même. Ils ont joué avec cette arme du Seigneur nouveau, la domination d'un mystérieux vouloir sur l'âme humaine devenue esclave. Ils ont appelé cela magnétisme, hypnotisme, suggestion... que sais-je ? Je les ai vus s'amuser comme
740 des enfants imprudents avec cette horrible puissance ! Malheur à nous ! Malheur à l'homme ! Il est venu, le... le... comment se nomme-t-il... le... il me semble qu'il me crie son nom, et je ne l'entends pas... le... oui... il le crie... J'écoute... je ne peux pas... répète... le... Horla[4]... J'ai entendu... le Horla... c'est lui... le
745 Horla... il est venu !...

Ah ! le vautour a mangé la colombe, le loup a mangé le mouton ; le lion a dévoré le buffle aux cornes aiguës ; l'homme a tué le lion avec la flèche, avec le glaive, avec la poudre ; mais le Horla va faire de l'homme ce que nous avons fait du cheval et
750 du bœuf : sa chose, son serviteur et sa nourriture, par la seule puissance de sa volonté. Malheur à nous !

Pourtant, l'animal, quelquefois, se révolte et tue celui qui l'a dompté... moi aussi je veux... je pourrai... mais il faut le

---

1. Exorcisaient : repoussaient avec des rites spécifiques.
2. Évoquaient : invoquaient, cherchaient à faire apparaître par la magie.
3. Farfadets : petits lutins.
4. Le nom du «Horla» peut se décomposer en «hors» et «là», ce qu'éclaire le thème du dédoublement. Mis face à son double, le personnage a le sentiment de sortir de lui-même.

connaître, le toucher, le voir ! Les savants disent que l'œil de la
755 bête, différent du nôtre, ne distingue point comme le nôtre... Et
mon œil à moi ne peut distinguer le nouveau venu qui
m'opprime.

Pourquoi ? Oh ! je me rappelle à présent les paroles du moine
du mont Saint-Michel : «Est-ce que nous voyons la cent millième
760 partie de ce qui existe ? Tenez, voici le vent qui est la plus grande
force de la nature, qui renverse les hommes, abat les édifices,
déracine les arbres, soulève la mer en montagnes d'eau, détruit
les falaises et jette aux brisants les grands navires, le vent qui tue,
qui siffle, qui gémit, qui mugit, l'avez-vous vu et pouvez-vous le
765 voir : Il existe pourtant !»

Et je songeais encore : mon œil est si faible, si imparfait, qu'il
ne distingue même point les corps durs, s'ils sont transparents
comme le verre !... Qu'une glace sans tain[1] barre mon chemin,
il me jette dessus comme l'oiseau entré dans une chambre se
770 casse la tête aux vitres. Mille choses en outre le trompent et l'éga-
rent ? Quoi d'étonnant, alors, à ce qu'il ne sache point apce-
voir un corps nouveau que la lumière traverse.

Un être nouveau ! pourquoi pas ? Il devait venir assurément !
pourquoi serions-nous les derniers ? Nous ne le distinguons
775 point, ainsi que tous les autres créés avant nous ? C'est que sa
nature est plus parfaite, son corps plus fin et plus fini que le
nôtre, que le nôtre si faible, si maladroitement conçu, encombré
d'organes toujours fatigués, toujours forcés comme des ressorts
trop complexes, que le nôtre, qui vit comme une plante et
780 comme une bête, en se nourrissant péniblement d'air, d'herbe et
de viande, machine animale en proie aux maladies, aux déforma-
tions, aux putréfactions[2], poussive[3], mal réglée, naïve et bizarre,

---

1. *Glace sans tain* : miroir à double face qui réfléchit l'image sur un de ses
côtés seulement. L'autre face est transparente, pour celui qui la regarde.
2. *Putréfactions* : pourrissements.
3. *Poussive* : qui avance péniblement.

ingénieusement mal faite, œuvre grossière et délicate, ébauche
d'être qui pourrait devenir intelligent et superbe.

785 Nous sommes quelques-uns, si peu sur ce monde, depuis
l'huître jusqu'à l'homme. Pourquoi pas un de plus, une fois
accomplie la période qui sépare les apparitions successives de
toutes les espèces diverses ?

Pourquoi pas un de plus ? Pourquoi pas aussi d'autres arbres
790 aux fleurs immenses, éclatantes et parfumant des régions
entières ? Pourquoi pas d'autres éléments que le feu, l'air, la terre
et l'eau ? – Ils sont quatre, rien que quatre, ces pères nourriciers
des êtres ! Quelle pitié ! Pourquoi ne sont-ils pas quarante, quatre
cents, quatre mille ! Comme tout est pauvre, mesquin[1], misé-
795 rable ! avarement donné, sèchement inventé, lourdement fait !
Ah ! l'éléphant, l'hippopotame, que de grâce ! Le chameau,
que d'élégance !

Mais, direz-vous, le papillon ! une fleur qui vole ! J'en rêve un
qui serait grand comme cent univers, avec des ailes dont je ne
800 puis même exprimer la forme, la beauté, la couleur et le mouvement. Mais je le vois… il va d'étoile en étoile, les rafraîchissant
et les embaumant au souffle harmonieux et léger de sa course !…
Et les peuples de là-haut le regardent passer, extasiés[2] et ravis !…

....

Qu'ai-je donc ? C'est lui, lui, le Horla, qui me hante, qui me
805 fait penser ces folies ! Il est en moi, il devient mon âme ; je le
tuerai !

19 août. – Je le tuerai. Je l'ai vu ! je me suis assis hier soir, à
ma table ; et je fis semblant d'écrire avec une grande attention. Je
savais bien qu'il viendrait rôder autour de moi, tout près, si près
810 que je pourrais peut-être le toucher, le saisir ? Et alors !… alors,
j'aurais la force des désespérés ; j'aurais mes mains, mes genoux,
ma poitrine, mon front, mes dents pour l'étrangler, l'écraser, le
mordre, le déchirer.

---

1. *Mesquin* : de peu de valeur, médiocre.
2. *Extasiés* : éblouis.

Et je le guettais avec tous mes organes surexcités.

815 J'avais allumé mes deux lampes et les huit bougies de ma cheminée, comme si j'eusse pu, dans cette clarté, le découvrir.

En face de moi, mon lit, un vieux lit de chêne à colonnes ; à droite, ma cheminée ; à gauche, ma porte fermée avec soin, après l'avoir laissée longtemps ouverte, afin de l'attirer ; derrière moi, 820 une très haute armoire à glace, qui me servait chaque jour, pour me raser, pour m'habiller, et où j'avais coutume de me regarder, de la tête aux pieds, chaque fois que je passais devant.

Donc, je faisais semblant d'écrire, pour le tromper, car il m'épiait lui aussi ; et soudain, je sentis, je fus certain qu'il lisait 825 par-dessus mon épaule, qu'il était là, frôlant mon oreille.

Je me dressai, les mains tendues, en me tournant si vite que je faillis tomber. Eh ! bien ?... on y voyait comme en plein jour, et je ne me vis pas dans ma glace !... Elle était vide, claire, profonde, pleine de lumière ! Mon image n'était pas dedans... et 830 j'étais en face, moi ! Je voyais le grand verre limpide du haut en bas. Et je regardais cela avec des yeux affolés ; et je n'osais plus avancer, je n'osais plus faire un mouvement, sentant bien pourtant qu'il était là, mais qu'il m'échapperait encore, lui dont le corps imperceptible avait dévoré mon reflet.

835 Comme j'eus peur ! Puis voilà que tout à coup je commençai à m'apercevoir dans une brume, au fond du miroir, dans une brume comme à travers une nappe d'eau ; et il me semblait que cette eau glissait de gauche à droite, lentement, rendant plus précise mon image, de seconde en seconde. C'était comme la fin 840 d'une éclipse. Ce qui me cachait ne paraissait point posséder de contours nettement arrêtés, mais une sorte de transparence opaque, s'éclaircissant peu à peu.

Je pus enfin me distinguer complètement, ainsi que je le fais chaque jour en me regardant.

845 Je l'avais vu ! L'épouvante m'en est restée, qui me fait encore frissonner.

20 août. – Le tuer, comment? puisque je ne peux l'atteindre? Le poison? mais il me verrait le mêler à l'eau; et nos poisons, d'ailleurs, auraient-ils un effet sur son corps imperceptible? 850 Non... non... sans aucun doute... Alors?... alors?...

21 août. – J'ai fait venir un serrurier de Rouen, et lui ai commandé pour ma chambre des persiennes[1] de fer, comme en ont, à Paris, certains hôtels particuliers, au rez-de-chaussée, par crainte des voleurs. Il me fera, en outre, une porte pareille. Je me 855 suis donné pour un poltron, mais je m'en moque!...

....

10 septembre. – Rouen, Hôtel Continental. C'est fait... c'est fait... mais est-il mort? J'ai l'âme bouleversée de ce que j'ai vu.

Hier donc, le serrurier ayant posé ma persienne et ma porte de fer, j'ai laissé tout ouvert jusqu'à minuit, bien qu'il commen- 860 çât à faire froid.

Tout à coup, j'ai senti qu'il était là, et une joie, une joie folle m'a saisi. Je me suis levé lentement, et j'ai marché à droite, à gauche, longtemps pour qu'il ne devinât rien; puis j'ai ôté mes bottines et mis mes savates[2] avec négligence; puis j'ai fermé ma 865 persienne de fer, et revenant à pas tranquilles vers la porte, j'ai fermé la porte aussi à double tour. Retournant alors vers la fenêtre, je la fixai par un cadenas, dont je mis la clef dans ma poche.

Tout à coup, je compris qu'il s'agitait autour de moi, qu'il 870 avait peur à son tour, qu'il m'ordonnait de lui ouvrir. Je faillis céder; je ne cédai pas, mais m'adossant à la porte, je l'entre-bâillai, tout juste assez pour passer, moi, à reculons; et comme je suis très grand, ma tête touchait au linteau[3]. J'étais sûr qu'il n'avait pu s'échapper et je l'enfermai, tout seul, tout seul! Quelle

---

1. *Persiennes* : volets ajourés, qui protègent les fenêtres des intempéries et permettent de voir l'extérieur sans être vu.
2. *Savates* : pantoufles.
3. *Au linteau* : à la partie supérieure de la porte.

875 joie! Je le tenais! Alors, je descendis, en courant; je pris dans
mon salon, sous ma chambre, mes deux lampes et je renversai
toute l'huile sur le tapis, sur les meubles, partout; puis j'y mis le
feu, et je me sauvai, après avoir bien refermé, à double tour, la
grande porte d'entrée.

880 Et j'allai me cacher au fond de mon jardin, dans un massif de
lauriers. Comme ce fut long! comme ce fut long! Tout était noir,
muet, immobile; pas un souffle d'air, pas une étoile, des montagnes de nuages qu'on ne voyait point, mais qui pesaient sur
mon âme si lourds, si lourds.

885 Je regardais ma maison, et j'attendais. Comme ce fut long! Je
croyais déjà que le feu s'était éteint tout seul, ou qu'il l'avait
éteint, Lui, quand une des fenêtres d'en bas creva sous la poussée
de l'incendie, et une flamme, une grande flamme rouge et jaune,
longue, molle, caressante, monta le long du mur blanc et le baisa
890 jusqu'au toit. Une lueur courut dans les arbres, dans les
branches, dans les feuilles, et un frisson, un frisson de peur
aussi! Les oiseaux se réveillaient; un chien se mit à hurler; il me
sembla que le jour se levait! Deux autres fenêtres éclatèrent aussitôt, et je vis que tout le bas de ma demeure n'était plus qu'un
895 effrayant brasier. Mais un cri, un cri horrible, suraigu, déchirant,
un cri de femme passa dans la nuit, et deux mansardes[1]
s'ouvrirent! J'avais oublié mes domestiques! Je vis leurs faces
affolées, et leurs bras qui s'agitaient!…

Alors, éperdu d'horreur, je me mis à courir vers le village en
900 hurlant: «Au secours! au secours! au feu! au feu!» Je rencontrai
des gens qui s'en venaient déjà et je retournai avec eux, pour
voir!

La maison, maintenant, n'était plus qu'un bûcher horrible et
magnifique, un bûcher monstrueux, éclairant toute la terre, un
905 bûcher où brûlaient des hommes, et où il brûlait aussi, Lui, Lui,
mon prisonnier, l'Être nouveau, le nouveau maître, le Horla!

---

1. *Mansardes* : pièces aménagées sous les toits d'une maison et réservées
aux domestiques. Ici, le terme désigne les fenêtres de ces petites pièces.

Soudain le toit tout entier s'engloutit entre les murs, et un volcan de flammes jaillit jusqu'au ciel. Par toutes les fenêtres ouvertes sur la fournaise, je voyais la cuve de feu, et je pensais 910 qu'il était là, dans ce four, mort…

– Mort ? Peut-être ?… Son corps ? son corps que le jour traversait n'était-il pas indestructible par les moyens qui tuent les nôtres ?

S'il n'était pas mort ?… seul peut-être le temps a prise sur 915 l'Être Invisible et Redoutable. Pourquoi ce corps transparent, ce corps inconnaissable, ce corps d'Esprit, s'il devait craindre, lui aussi, les maux, les blessures, les infirmités, la destruction prématurée ?

La destruction prématurée ? toute l'épouvante humaine vient 920 d'elle ! Après l'homme le Horla. – Après celui qui peut mourir tous les jours, à toutes les heures, à toutes les minutes, par tous les accidents, est venu celui que ne doit mourir qu'à son jour, à son heure, à sa minute, parce qu'il a touché la limite de son existence !

925 Non… non… sans aucun doute, sans aucun doute… il n'est pas mort… Alors… alors… il va donc falloir que je me tue moi !…

……………………………………………………………………………………………………

Un fou?

À *Pierre Decourcelle*[1].

Quand on me dit : «Vous savez que Jacques Parent est mort fou dans une maison de santé[2]», un frisson douloureux, un frisson de peur et d'angoisse me courut le long des os ; et je le revis brusquement, ce grand garçon étrange, fou depuis longtemps peut-être, maniaque[3] inquiétant, effrayant même.

C'était un homme de quarante ans, haut, maigre, un peu voûté, avec des yeux d'halluciné, des yeux noirs, si noirs qu'on ne distinguait pas la pupille, des yeux mobiles, rôdeurs, malades, hantés. Quel être singulier, troublant qui apportait, qui jetait un malaise autour de lui, un malaise vague, de l'âme, du corps, un de ces énervements[4] incompréhensibles qui font croire à des influences surnaturelles.

Il avait un tic gênant : la manie de cacher ses mains. Presque jamais il ne les laissait errer, comme nous faisons tous sur les objets, sur les tables. Jamais il ne maniait les choses traînantes avec ce geste familier qu'ont presque tous les hommes. Jamais il ne les laissait nues, ses longues mains osseuses, fines, un peu fébriles[5].

---

1. **Pierre Decourcelle** (1856-1926) : auteur dramatique, collaborateur du journal *Le Gaulois*, comme Maupassant.
2. **Maison de santé** : institut psychiatrique.
3. **Maniaque** : fou.
4. **Énervements** : agitations nerveuses.
5. **Fébriles** : nerveuses, fiévreuses.

Il les enfonçait dans ses poches, sous les revers de ses aisselles
20 en croisant les bras. On eût dit qu'il avait peur qu'elles ne fissent,
malgré lui, quelque besogne défendue, qu'elles n'accomplissent
quelque action honteuse ou ridicule s'il les laissait libres et maî-
tresses de leurs mouvements.

Quand il était obligé de s'en servir pour tous les usages ordi-
25 naires de la vie, il le faisait par saccades brusques, par élans
rapides du bras comme s'il n'eût pas voulu leur laisser le temps
d'agir par elles-mêmes, de se refuser à sa volonté, d'exécuter
autre chose. À table, il saisissait son verre, sa fourchette ou son
couteau si vivement qu'on n'avait jamais le temps de prévoir ce
30 qu'il voulait faire avant qu'il ne l'eût accompli.

Or, j'eus un soir l'explication de la surprenante maladie de
son âme.

Il venait passer de temps en temps quelques jours chez moi, à
la campagne, et ce soir-là il me paraissait particulièrement agité !
35 Un orage montait dans le ciel, étouffant et noir, après une
journée d'atroce chaleur. Aucun souffle d'air ne remuait les
feuilles. Une vapeur chaude de four passait sur les visages, faisait
haleter[1] les poitrines. Je me sentais mal à l'aise, agité, et je voulus
gagner mon lit.
40 Quand il me vit me lever pour partir, Jacques Parent me saisit
le bras d'un geste effaré[2].

«Oh ! non, reste encore un peu», me dit-il.

Je le regardai avec surprise en murmurant :

«C'est que cet orage me secoue les nerfs.»
45 Il gémit, ou plutôt il cria :

«Et moi donc ! Oh ! reste, je te prie ; je ne voudrais pas demeu-
rer seul.»

Il avait l'air affolé.

Je prononçai :

---

1. *Haleter* : respirer avec précipitation, par saccades.
2. *Effaré* : affolé.

50 «Qu'est-ce que tu as? Perds-tu la tête?»

Et il balbutia :

«Oui, par moments, dans les soirs comme celui-ci, dans les soirs d'électricité... j'ai... j'ai... j'ai peur... j'ai peur de moi... tu ne me comprends pas? C'est que je suis doué d'un pouvoir...
55 non... d'une puissance... non... d'une force... Enfin je ne sais pas dire ce que c'est, mais j'ai en moi une action magnétique si extraordinaire[1] que j'ai peur, oui, j'ai peur de moi, comme je te le disais tout à l'heure!»

Et il cachait, avec des frissons éperdus[2], ses mains vibrantes
60 sous les revers de sa jaquette[3]. Et moi-même je me sentis soudain tout tremblant d'une crainte confuse, puissante, horrible. J'avais envie de partir, de me sauver, de ne plus le voir, de ne plus voir son œil errant passer sur moi, puis s'enfuir, tourner autour du plafond, chercher quelque coin sombre de la pièce pour s'y fixer,
65 comme s'il eût voulu cacher aussi son regard redoutable.

Je balbutiai :

«Tu ne m'avais jamais dit ça!»

Il reprit :

«Est-ce que j'en parle à personne? Tiens, écoute, ce soir je ne
70 puis me taire. Et j'aime mieux que tu saches tout; d'ailleurs, tu pourras me secourir.

«Le magnétisme! Sais-tu ce que c'est? Non. Personne ne sait. On le constate pourtant. On le reconnaît, les médecins eux-mêmes le pratiquent; un des plus illustres, M. Charcot[4], le pro-
75 fesse; donc, pas de doute, cela existe.

«Un homme, un être a le pouvoir, effrayant et incompréhensible, d'endormir, par la force de sa volonté, un autre être, et, pendant qu'il dort, de lui voler sa pensée comme on volerait une

---

1. *Extraordinaire* : qui sort de l'ordinaire, au sens propre.
2. *Éperdus* : désemparés.
3. *Jaquette* : vêtement masculin, serré à la taille.
4. Sur le *magnétisme* et *Charcot*, voir présentation, p. 16-19.

bourse. Il lui vole sa pensée, c'est-à-dire son âme, l'âme, ce sanc-
80 tuaire, ce secret du Moi, l'âme, ce fond de l'homme qu'on croyait
impénétrable, l'âme, cet asile[1] des inavouables idées, de tout ce
qu'on cache, de tout ce qu'on aime, de tout ce qu'on veut celer[2]
à tous les humains, il l'ouvre, la viole, l'étale, la jette au public !
N'est-ce pas atroce, criminel, infâme ?

85 « Pourquoi, comment cela se fait-il ? Le sait-on ? Mais que
sait-on ?

« Tout est mystère. Nous ne communiquons avec les choses
que par nos misérables sens, incomplets, infirmes, si faibles
qu'ils ont à peine la puissance de constater ce qui nous entoure.
90 Tout est mystère. Songe à la musique, cet art divin, cet art qui
bouleverse l'âme, l'emporte, la grise[3], l'affole, qu'est-ce donc ?
Rien.

« Tu ne me comprends pas ? Écoute. Deux corps se heurtent.
L'air vibre. Ces vibrations sont plus ou moins nombreuses, plus
95 ou moins rapides, plus ou moins fortes, selon la nature du choc.
Or nous avons dans l'oreille une petite peau qui reçoit ces vibrations de l'air et les transmet au cerveau sous forme de son. Imagine qu'un verre d'eau se change en vin dans ta bouche. Le
tympan accomplit cette incroyable métamorphose, ce surprenant
100 miracle de changer le mouvement en son. Voilà.

« La musique, cet art complexe et mystérieux, précis comme
l'algèbre[4] et vague comme un rêve, cet art fait de mathématiques
et de brise, ne vient donc que de la propriété étrange d'une petite
peau. Elle n'existerait point, cette peau, que le son non plus
105 n'existerait pas, puisque par lui-même il n'est qu'une vibration.
Sans l'oreille, devinerait-on la musique ? Non. Eh bien ! nous

---

1. *Asile* : refuge.
2. *Celer* : cacher.
3. *La grise* : l'enivre.
4. *Algèbre* : branche des mathématiques qui résout des problèmes par des
formules.

sommes entourés de choses que nous ne soupçonnerons jamais, parce que les organes nous manquent qui nous les révéleraient.

«Le magnétisme est de celles-là peut-être. Nous ne pouvons
110 que pressentir cette puissance, que tenter en tremblant ce voisinage des esprits, qu'entrevoir ce nouveau secret de la nature, parce que nous n'avons point en nous l'instrument révélateur.

«Quant à moi... Quant à moi, je suis doué d'une puissance affreuse. On dirait un autre être enfermé en moi, qui veut sans
115 cesse s'échapper, agir malgré moi, qui s'agite, me ronge, m'épuise. Quel est-il? Je ne sais pas, mais nous sommes deux dans mon pauvre corps, et c'est lui, l'autre, qui est souvent le plus fort, comme ce soir.

«Je n'ai qu'à regarder les gens pour les engourdir[1] comme si
120 je leur avais versé de l'opium[2]. Je n'ai qu'à étendre les mains pour produire des choses... des choses... terribles. Si tu savais? Oui. Si tu sais? Mon pouvoir ne s'étend pas seulement sur les hommes, mais aussi sur les animaux et même... sur les objets...

«Cela me torture et m'épouvante. J'ai eu envie souvent de me
125 crever les yeux et de me couper les poignets.

«Mais je vais... je veux que tu saches tout. Tiens. Je vais te montrer cela... non pas sur des créatures humaines, c'est ce qu'on fait partout, mais sur... sur... des bêtes.

«Appelle Mirza.»
130 Il marchait à grands pas avec des airs d'halluciné, et il sortit ses mains cachées dans sa poitrine. Elles me semblèrent effrayantes comme s'il eût mis à nu deux épées.

Et je lui obéis machinalement, subjugué[3], vibrant de terreur et dévoré d'une sorte de désir impétueux[4] de voir. J'ouvris la
135 porte et je sifflai ma chienne qui couchait dans le vestibule.

---

1. *Engourdir* : affaiblir, endormir.
2. *Opium* : drogue obtenue à partir du pavot, en vogue au XIXe siècle. Elle a un effet soporifique.
3. *Subjugué* : obéissant avec soumission.
4. *Impétueux* : ardent, bouillant.

J'entendis aussitôt le bruit précipité de ses ongles sur les marches de l'escalier, et elle apparut, joyeuse, remuant la queue.

Puis je lui fis signe de se coucher sur un fauteuil ; elle y sauta, et Jacques se mit à la caresser en la regardant.

140 D'abord, elle sembla inquiète ; elle frissonnait, tournait la tête pour éviter l'œil fixe de l'homme, semblait agitée d'une crainte grandissante. Tout à coup, elle commença à trembler, comme tremblent les chiens. Tout son corps palpitait[1], secoué de longs frissons, et elle voulut s'enfuir. Mais il posa sa main sur le 145 crâne de l'animal qui poussa, sous ce toucher, un de ces longs hurlements qu'on entend, la nuit, dans la campagne.

Je me sentais moi-même engourdi, étourdi, ainsi qu'on l'est lorsqu'on monte en barque. Je voyais se pencher les meubles, remuer les murs. Je balbutiai : « Assez, Jacques, assez. » Mais il ne 150 m'écoutait plus, il regardait Mirza d'une façon continue, effrayante. Elle fermait les yeux maintenant et laissait tomber sa tête comme on fait en s'endormant. Il se tourna vers moi.

« C'est fait, dit-il, vois maintenant. »

Et jetant son mouchoir de l'autre côté de l'appartement, il 155 cria : « Apporte ! »

La bête alors se souleva et chancelant[2], trébuchant comme si elle eût été aveugle, remuant ses pattes comme les paralytiques remuent leurs jambes, elle s'en alla vers le linge qui faisait une tache blanche contre le mur. Elle essaya plusieurs fois de le 160 prendre dans sa gueule, mais elle mordait à côté comme si elle ne l'eût pas vu. Elle le saisit enfin, et revint de la même allure ballottée[3] de chien somnambule[4].

C'était une chose terrifiante à voir. Il commanda : « Couche-toi. » Elle se coucha. Alors, lui touchant le front, il dit : « Un

---

1. Palpitait : était agité de mouvements irréguliers.
2. Chancelant : oscillant, en déséquilibre.
3. Ballottée : agitée.
4. Somnambule : souffrant d'un trouble du sommeil qui pousse à accomplir inconsciemment des gestes pendant la nuit (parole, marche, etc.).

165 lièvre, pille, pille[1].» Et la bête, toujours sur le flanc, essaya de
courir, s'agita comme font les chiens qui rêvent, et poussa, sans
ouvrir la gueule, des petits aboiements étranges, des aboiements
de ventriloque[2].

Jacques semblait devenu fou. La sueur coulait de son front. Il
170 cria : «Mords-le, mords ton maître.» Elle eut deux ou trois soubresauts[3] terribles. On eût juré qu'elle résistait, qu'elle luttait. Il
répéta : «Mords-le.» Alors, se levant, ma chienne s'en vint vers
moi, et moi je reculais vers la muraille, frémissant d'épouvante,
le pied levé pour la frapper, pour la repousser.

175 Mais Jacques ordonna : «Ici, tout de suite.» Elle se retourna
vers lui. Alors, de ses deux grandes mains, il se mit à lui frotter
la tête comme s'il l'eût débarrassée de liens invisibles.

Mirza rouvrit les yeux : «C'est fini», dit-il.

Je n'osais point la toucher et je poussai la porte pour qu'elle
180 s'en allât. Elle partit lentement, tremblante, épuisée, et j'entendis
de nouveau ses griffes frapper les marches.

Mais Jacques revint vers moi : «Ce n'est pas tout. Ce qui
m'effraie le plus, c'est ceci, tiens. Les objets m'obéissent.»

Il y avait sur ma table une sorte de couteau-poignard dont je
185 me servais pour couper les feuillets des livres. Il allongea sa main
vers lui. Elle semblait ramper, s'approchait lentement; et tout
d'un coup je vis, oui, je vis le couteau lui-même tressaillir, puis
il remua, puis il glissa doucement, tout seul, sur le bois vers la
main arrêtée qui l'attendait, et il vint se placer sous ses doigts.

190 Je me mis à crier de terreur. Je crus que je devenais fou moi-
même, mais le son aigu de ma voix me calma soudain.

Jacques reprit :

---

1. *Pille* : jette-toi sur le gibier (terme de chasse).
2. *Ventriloque* : homme qui parle sans remuer les lèvres, d'une voix qui
semble venir du ventre.
3. *Soubresauts* : secousses.

«Tous les objets viennent ainsi vers moi. C'est pour cela que je cache mes mains. Qu'est cela? Du magnétisme, de l'électri-195 cité, de l'aimant? Je ne sais pas, mais c'est horrible.

«Et comprends-tu pourquoi c'est horrible? Quand je suis seul, aussitôt que je suis seul, je ne puis m'empêcher d'attirer tout ce qui m'entoure.

«Et je passe des jours entiers à changer des choses de place, 200 ne me lassant jamais d'essayer ce pouvoir abominable, comme pour voir s'il ne m'a pas quitté.»

Il avait enfoui ses grandes mains dans ses poches et il regardait dans la nuit. Un petit bruit, un frémissement léger semblait passer dans les arbres.

205 C'était la pluie qui commençait à tomber.

Je murmurai: «C'est effrayant!»

Il répéta: «C'est horrible.»

Une rumeur accourut dans ce feuillage, comme un coup de vent. C'était l'averse, l'ondée[1] épaisse, torrentielle.

210 Jacques se mit à respirer par grands souffles qui soulevaient sa poitrine.

«Laisse-moi, dit-il, la pluie va me calmer. Je désire être seul à présent.»

---

1. _Ondée_ : pluie.

Lui ?

Mon cher ami, tu n'y comprends rien ? Et je le conçois. Tu me crois devenu fou ? Je le suis peut-être un peu, mais non pas pour les raisons que tu supposes.

Oui. Je me marie. Voilà.

5 Et pourtant mes idées et mes convictions n'ont pas changé. Je considère l'accouplement légal comme une bêtise. Je suis certain que huit maris sur dix sont cocus. Et ils ne méritent pas moins pour avoir eu l'imbécillité d'enchaîner leur vie, de renoncer à l'amour libre, la seule chose gaie et bonne au monde, de 10 couper l'aile à la fantaisie qui nous pousse sans cesse à toutes les femmes, etc., etc. Plus que jamais, je me sens incapable d'aimer une femme, parce que j'aimerai toujours trop toutes les autres. Je voudrais avoir mille bras, mille lèvres et mille… tempéraments pour pouvoir étreindre en même temps une armée de ces êtres 15 charmants et sans importance.

Et cependant je me marie.

J'ajoute que je ne connais guère ma femme de demain. Je l'ai vue seulement quatre ou cinq fois. Je sais qu'elle ne me déplaît point ; cela me suffit pour ce que j'en veux faire. Elle est petite, 20 blonde et grasse. Après demain, je désirerai ardemment une femme grande, brune et mince.

Elle n'est pas riche. Elle appartient à une famille moyenne. C'est une jeune fille comme on en trouve à la grosse[1], bonnes à marier, sans qualités et sans défauts apparents, dans la bourgeoi-25 sie ordinaire. On dit d'elle : «Mlle Lajolle est bien gentille.» On

---

1. *À la grosse* : en grande quantité (vieilli).

dira demain : «Elle est fort gentille, Mme Raymon.» Elle appartient enfin à la légion[1] des jeunes filles honnêtes «dont on est heureux de faire sa femme» jusqu'au jour où on découvre qu'on préfère justement toutes les autres femmes à celle qu'on a
30 choisie.

Alors pourquoi me marier, diras-tu?

J'ose à peine t'avouer l'étrange et invraisemblable raison qui me pousse à cet acte insensé. Je me marie pour n'être pas seul!

Je ne sais comment dire cela, comment te faire comprendre.
35 Tu auras pitié de moi, et tu me mépriseras, tant mon état d'esprit est misérable.

Je ne veux plus être seul la nuit. Je veux sentir un être près de moi, contre moi, un être qui peut parler, dire quelque chose, n'importe quoi.

40 Je veux pouvoir briser son sommeil; lui poser une question brusquement, une question stupide pour entendre une voix, pour sentir une âme en éveil, un raisonnement en travail, pour voir, allumant brusquement ma bougie, une figure humaine à mon côté..., parce que... parce que... je n'ose pas avouer cette
45 honte... parce que j'ai peur tout seul.

Oh! tu ne me comprends pas encore.

Je n'ai pas peur d'un danger. Un homme entrerait, je le tuerais sans frissonner. Je n'ai pas peur des revenants; je ne crois pas au surnaturel. Je n'ai pas peur des morts; je crois à l'anéantisse-
50 ment définitif de chaque être qui disparaît.

Alors!... oui. Alors!... Eh bien! J'ai peur de moi! j'ai peur de la peur; peur des spasmes[2] de mon esprit qui s'affole, peur de cette horrible sensation de la terreur incompréhensible. Ris si tu veux. Cela est affreux, inguérissable. J'ai peur des murs, des
55 meubles, des objets familiers qui s'animent, pour moi, d'une sorte de vie animale. J'ai peur surtout du trouble horrible de ma

---

1. *Légion* : troupe.
2. *Spasmes* : mouvements incontrôlables.

pensée, de ma raison qui s'échappe brouillée, dispersée par une mystérieuse et invisible angoisse.

Je sens d'abord une vague inquiétude qui me passe dans l'âme et me fait courir un frisson sur la peau. Je regarde autour de moi. Rien! Et je voudrais quelque chose! Quoi? Quelque chose de compréhensible. Puisque j'ai peur uniquement parce que je ne comprends pas ma peur.

Je parle! j'ai peur de ma voix. Je marche! j'ai peur de l'inconnu de derrière la porte, de derrière le rideau, de dans l'armoire, de sous le lit. Et pourtant, je sais qu'il n`y a rien nulle part.

Je me retourne brusquement parce que j'ai peur de ce qui est derrière moi, bien qu'il n'y ait rien et que je le sache.

Je m'agite, je sens mon effarement[1] grandir; et je m'enferme dans ma chambre; et je m'enfonce dans mon lit, et je me cache sous mes draps; et blotti, roulé comme une boule, je ferme les yeux désespérément, et je demeure ainsi pendant un temps infini avec cette pensée que ma bougie demeure allumée sur ma table de nuit et qu'il faudrait pourtant l'éteindre. Et je n'ose pas.

N'est-ce pas affreux, d'être ainsi?

Autrefois, je n'éprouvais rien de cela. Je rentrais tranquillement. J'allais et je venais en mon logis sans que rien ne troublât la sérénité[2] de mon âme. Si l`on m'avait dit quelle maladie de peur invraisemblable, stupide et terrible, devait me saisir un jour, j'aurais bien ri; j'ouvrais les portes dans l'ombre avec assurance: je me couchais lentement, sans pousser les verrous et je ne me relevais jamais au milieu des nuits pour m'assurer que toutes les issues de ma chambre étaient fortement closes.

Cela a commencé l'an dernier d`une singulière façon.

C'était en automne, par un soir humide. Quand ma bonne fut partie, après mon dîner, je me demandai ce que j'allais faire.

---

1. *Mon effarement* : ma surprise affolée.
2. *Sérénité* : tranquillité.

．

Je marchai quelque temps à travers ma chambre. Je me sentais las[1], accablé sans raison, incapable de travailler, sans force
90 même pour lire. Une pluie fine mouillait les vitres; j'étais triste, tout pénétré par une de ces tristesses sans causes qui vous donnent envie de pleurer, qui vous font désirer de parler à n'importe qui pour secouer la lourdeur de notre pensée.

Je me sentais seul. Mon logis me paraissait vide comme il
95 n'avait jamais été. Une solitude infinie et navrante[2] m'entourait. Que faire? Je m'assis. Alors une impatience nerveuse me courut dans les jambes. Je me relevai, et je me remis à marcher. J'avais peut-être aussi un peu de fièvre, car mes mains, que je tenais rejointes derrière mon dos, comme on fait souvent quand on se
100 promène avec lenteur, se brûlaient l'une à l'autre, et je le remarquai. Puis, soudain, un frisson de froid me courut dans le dos. Je pensai que l'humidité du dehors entrait chez moi, et l'idée de faire du feu me vint. J'en allumai; c'était la première fois de l'année. Et je m'assis de nouveau en regardant la flamme. Mais
105 bientôt l'impossibilité de rester en place me fit encore me relever, et je sentis qu'il fallait m'en aller, me secouer, trouver un ami.

Je sortis. J'allai chez trois camarades que je ne rencontrai pas; puis, je gagnai le boulevard[3], décidé à découvrir une personne de connaissance.

110 Il faisait triste partout. Les trottoirs trempés luisaient. Une tiédeur d'eau, une de ces tiédeurs qui vous glacent par frissons brusques, une tiédeur pesante de pluie impalpable[4] accablait la rue, semblait lasser et obscurcir la flamme du gaz[5].

J'allais d'un pas mou, me répétant : «Je ne trouverai personne
115 avec qui causer.»

---

1. **Las** : fatigué.
2. **Navrante** : qui rend profondément triste.
3. **Boulevard** : lieu de promenade très prisé dans le Paris du XIXᵉ siècle.
4. **Impalpable** : qu'on ne peut toucher.
5. L'éclairage des rues était assuré par des lampadaires fonctionnant au gaz.

J'inspectai plusieurs fois les cafés, depuis la Madeleine[1] jusqu'au faubourg Poissonnière[2]. Des gens tristes, assis devant des tables, semblaient n'avoir pas même la force de finir leurs consommations.

120 J'errai longtemps ainsi, et vers minuit, je me mis en route pour rentrer chez moi. J'étais fort calme, mais fort las. Mon concierge, qui se couche avant onze heures, m'ouvrit tout de suite, contrairement à son habitude; et je pensai : «Tiens, un autre locataire vient sans doute de remonter.»

125 Quand je sors de chez moi, je donne toujours à ma porte deux tours de clef. Je la trouvai simplement tirée et cela me frappa. Je supposai qu'on m'avait monté des lettres dans la soirée.

J'entrai. Mon feu brûlait encore et éclairait même un peu 130 l'appartement. Je pris une bougie pour aller l'allumer au foyer, lorsqu'en jetant les yeux devant moi, j'aperçus quelqu'un assis dans mon fauteuil, et qui se chauffait les pieds en me tournant le dos.

Je n'eus pas peur. Oh! non, pas le moins du monde. Une sup- 135 position très vraisemblable me traversa l'esprit; celle qu'un de mes amis était venu pour me voir. La concierge, prévenue par moi à ma sortie, avait dit que j'allais rentrer, avait prêté sa clef. Et toutes les circonstances de mon retour, en une seconde, me revinrent à la pensée : le cordon[3] tiré tout de suite, ma porte seu- 140 lement poussée.

Mon ami, dont je ne voyais que les cheveux, s'était endormi devant mon feu en m'attendant, et je m'avançai pour le réveiller. Je le voyais parfaitement, un de ses bras pendant à droite; ses

---

1. *Madeleine* : place située dans le 8e arrondissement de Paris, au nord-ouest de la ville.
2. *Faubourg Poissonnière* : quartier de Paris, aujourd'hui à cheval sur le 9e et le 10e arrondissement, au nord de la ville.
3. *Le cordon* : la petite corde qui permet au concierge d'ouvrir la porte de l'immeuble.

pieds étaient croisés l'un sur l'autre ; sa tête, penchée un peu sur
145 le côté gauche du fauteuil, indiquait bien le sommeil. Je me
demandais : «Qui est-ce ?» On y voyait peu d'ailleurs dans la
pièce, j'avançai la main pour lui toucher l'épaule !…

Je rencontrai le bois du siège ! Il n'y avait plus personne. Le
fauteuil était vide !

150 Quel sursaut, miséricorde[1] !

Je reculai d'abord comme si un danger terrible eût apparu
devant moi.

Puis je me retournai, sentant quelqu'un derrière mon dos ;
puis, aussitôt, un impérieux[2] besoin de revoir le fauteuil me fit
155 pivoter encore une fois. Et je demeurai debout, haletant[3] d'épouvante, tellement éperdu[4] que je n'avais plus une pensée, prêt à
tomber.

Mais je suis un homme de sang-froid, et tout de suite la raison
me revint. Je songeai : «Je viens d'avoir une hallucination, voilà
160 tout.» Et je réfléchis immédiatement sur ce phénomène. La
pensée va vite dans ces moments-là.

J'avais une hallucination – c'était là un fait incontestable. Or,
mon esprit était demeuré tout le temps lucide, fonctionnant régulièrement et logiquement. Il n'y avait donc aucun trouble du côté
165 du cerveau. Les yeux seuls s'étaient trompés, avaient trompé ma
pensée. Les yeux avaient eu une vision, une de ces visions qui
font croire aux miracles les gens naïfs. C'était là un accident nerveux de l'appareil optique, rien de plus, un peu de congestion[5]
peut-être.

170 Et j'allumai ma bougie. Je m'aperçus, en me baissant vers le
feu, que je tremblais, et je me relevai d'une secousse, comme si
on m'eût touché par derrière.

---

1. Miséricorde : exclamation qui marque la surprise et l'inquiétude.
2. Impérieux : irrésistible.
3. Haletant : respirant avec précipitation, par saccades.
4. Éperdu : désemparé.
5. Congestion : accumulation de sang dans un organe ou un tissu.

Je n'étais point tranquille, assurément.

Je fis quelques pas; je parlai haut. Je chantai à mi-voix
175 quelques refrains.

Puis je fermai la porte de ma chambre à double tour, et je me
sentis un peu rassuré. Personne ne pouvait entrer, au moins.

Je m'assis encore et je réfléchis longtemps à mon aventure;
puis je me couchai, et je soufflai ma lumière.

180 Pendant quelques minutes, tout alla bien. Je restais sur le dos,
assez paisiblement. Puis le besoin me vint de regarder dans ma
chambre; et je me mis sur le côté.

Mon feu n'avait plus que deux ou trois tisons rouges qui
éclairaient juste les pieds du fauteuil; et je crus revoir l'homme
185 assis dessus.

J'enflammai une allumette d'un mouvement rapide. Je
m'étais trompé et je ne voyais plus rien.

Je me levai, cependant, et j'allai cacher le fauteuil derrière
mon lit.

190 Puis je refis l'obscurité et je tâchai de m'endormir. Je n'avais
pas perdu connaissance depuis plus de cinq minutes, quand
j'aperçus, en songe, et nettement comme dans la réalité, toute la
scène de la soirée. Je me réveillai éperdument, et, ayant éclairé
mon logis, je demeurai assis dans mon lit, sans oser même
195 essayer de redormir.

Deux fois, cependant, le sommeil m'envahit, malgré moi,
pendant quelques secondes. Deux fois je revis la chose. Je me
croyais devenu fou.

Quand le jour parut, je me sentis guéri et je sommeillai paisi-
200 blement jusqu'à midi.

C'était fini, bien fini. J'avais eu la fièvre, le cauchemar, que sais-
je? J'avais été malade, enfin. Je me trouvai néanmoins fort bête.

Je fus très gai ce jour-là. Je dînai au cabaret[1]; j'allai voir le
spectacle[2], puis je me mis en chemin pour rentrer. Mais voilà

---

1. *Cabaret* : bar où l'on peut parfois manger.
2. Au XIXᵉ siècle, il est fréquent d'aller voir un spectacle (théâtre, opéra) après
avoir dîné.

205 qu'en approchant de ma maison, une inquiétude étrange me
saisit. J'avais peur de le revoir, lui. Non pas peur de lui, non pas
peur de sa présence, à laquelle je ne croyais point, mais j'avais
peur d'un trouble nouveau de mes yeux, peur de l'hallucination,
peur de l'épouvante qui me saisirait.

210 Pendant plus d'une heure, j'errai de long en large sur le trot-
toir; puis je me trouvais trop imbécile[1] à la fin et j'entrai. Je hale-
tais tellement que je ne pouvais plus monter mon escalier. Je
restai encore plus de dix minutes devant mon logement sur le
palier, puis, brusquement, j'eus un élan de courage, un refroidis-
215 sement de volonté. J'enfonçai ma clef; je me précipitai en avant,
une bougie à la main, je poussai d'un coup de pied la porte entre-
bâillée de ma chambre, et je jetai un regard effaré vers la cheminée. Je ne vis rien.

«Ah!...»

220 Quel soulagement! Quelle joie! Quelle délivrance! J'allais et
je venais d'un air gaillard. Mais je ne me sentais pas rassuré; je
me retournais par sursauts; l'ombre des coins m'inquiétait.

Je dormis mal, réveillé sans cesse par des bruits imaginaires.
Mais je ne le vis pas. Non. C'était fini!

225 Depuis ce jour-là, j'ai peur tout seul, la nuit. Je la sens là, près
de moi, autour de moi, la vision. Elle ne m'est point apparue de
nouveau. Oh non! Et qu'importe, d'ailleurs, puisque je n'y crois
pas, puisque je sais que ce n'est rien!

Elle me gêne cependant, parce que j'y pense sans cesse. – Une
230 main pendait du côté droit, sa tête était penchée du côté gauche
comme celle d'un homme qui dort... Allons, assez, nom de
Dieu! je n'y veux plus songer!

Qu'est-ce que cette obsession, pourtant? Pourquoi cette per-
sistance? Ses pieds étaient tout près du feu!

235 Il me hante, c'est fou, mais c'est ainsi. Qui, Il? Je sais bien
qu'il n'existe pas, que ce n'est rien! Il n'existe que dans mon

---

1. *Imbécile* : faible (au sens propre).

appréhension[1], que dans ma crainte, que dans mon angoisse!
Allons, assez!…

Oui, mais j'ai beau me raisonner, me roidir[2], je ne peux plus
240 rester seul chez moi, parce qu'il y est. Je ne le verrai plus, je le
sais, il ne se montrera plus, c'est fini cela. Mais il y est tout de
même, dans ma pensée. Il demeure invisible, cela n'empêche
qu'il y soit. Il est derrière les portes, dans l'armoire fermée, sous
le lit, dans tous les coins obscurs, dans toutes les ombres. Si je
245 tourne la porte, si j'ouvre l'armoire, si je baisse ma lumière sous
le lit, si j'éclaire les coins, les ombres, il n'y est plus; mais alors
je le sens derrière moi. Je me retourne, certain, cependant, que
je ne le verrai pas, que je ne le verrai plus. Il n'en est pas moins
derrière moi, encore.
250 C'est stupide, mais c'est atroce. Que veux-tu? Je n'y peux
rien.

Mais si nous étions deux chez moi, je sens, oui, je sens assurément qu'il n'y serait plus! Car il est là parce que je suis seul, uniquement parce que je suis seul!

---

1. Appréhension : vague crainte.
2. Roidir : raidir, renforcer.

La Peur

À J.-K. Huysmans[1].

On remonta sur le pont[2] après dîner. Devant nous, la Méditerranée n'avait pas un frisson sur toute sa surface, qu'une grande lune calme moirait[3]. Le vaste bateau glissait, jetant sur le ciel, qui semblait ensemencé d'étoiles, un gros serpent de fumée
5 noire ; et, derrière nous, l'eau toute blanche, agitée par le passage rapide du lourd bâtiment, battue par l'hélice, moussait, semblait se tordre, remuait tant de clartés qu'on eût dit de la lumière de lune bouillonnante.

Nous étions là, six ou huit, silencieux, admirant, l'œil tourné
10 vers l'Afrique lointaine où nous allions[4]. Le commandant, qui fumait un cigare au milieu de nous, reprit soudain la conversation du dîner.

« Oui, j'ai eu peur ce jour-là. Mon navire est resté six heures avec ce rocher dans le ventre, battu par la mer. Heureusement
15 que nous avons été recueillis, vers le soir, par un charbonnier[5] anglais qui nous aperçut. »

Alors un grand homme à figure brûlée, à l'aspect grave, un de ces hommes qu'on sent avoir traversé de longs pays inconnus,

---

1. *Joris-Karl Huysmans* (1848-1907) : auteur français, célèbre notamment pour son roman *À rebours* (1884).
2. *Pont* : plancher fermant la coque d'un navire.
3. *Moirait* : rendait semblable à la moire, étoffe aux reflets chatoyants.
4. Maupassant a voyagé en Algérie en 1881.
5. *Charbonnier* : cargo qui transporte du charbon.

au milieu de dangers incessants, et dont l'œil tranquille semble
20 garder, dans sa profondeur, quelque chose des paysages étranges
qu'il a vus ; un de ces hommes qu'on devine trempés dans le courage[1], parla pour la première fois :

« Vous dites, commandant, que vous avez eu peur ; je n'en
crois rien. Vous vous trompez sur le mot et sur la sensation que
25 vous avez éprouvée. Un homme énergique n'a jamais peur en
face du danger pressant. Il est ému, agité, anxieux ; mais la peur,
c'est autre chose. »

Le commandant reprit en riant :

« Fichtre[2] ! je vous réponds bien que j'ai eu peur, moi. »

30 Alors l'homme au teint bronzé prononça d'une voix lente :

« Permettez-moi de m'expliquer ! La peur (et les hommes les
plus hardis peuvent avoir peur), c'est quelque chose d'effroyable,
une sensation atroce, comme une décomposition de l'âme, un
spasme[3] affreux de la pensée et du cœur, dont le souvenir seul
35 donne des frissons d'angoisse. Mais cela n'a lieu, quand on est
brave, ni devant une attaque, ni devant la mort inévitable, ni
devant toutes les formes connues du péril : cela a lieu dans certaines circonstances anormales, sous certaines influences mystérieuses, en face de risques vagues. La vraie peur, c'est quelque
40 chose comme une réminiscence[4] des terreurs fantastiques[5]
d'autrefois. Un homme qui croit aux revenants, et qui s'imagine
apercevoir un spectre dans la nuit, doit éprouver la peur en toute
son épouvantable horreur.

« Moi, j'ai deviné la peur en plein jour, il y a dix ans environ.
45 Je l'ai ressentie, l'hiver dernier, par une nuit de décembre.

« Et, pourtant, j'ai traversé bien des hasards, bien des aventures qui semblaient mortelles. Je me suis battu souvent. J'ai été

---

1. Trempés dans le courage : extrêmement courageux, semblables à un
métal chauffé que le forgeron a trempé dans l'eau pour le durcir.
2. Fichtre ! : exclamation qui appuie l'affirmation.
3. Spasme : mouvement incontrôlable.
4. Une réminiscence : un souvenir.
5. Fantastiques : surnaturelles.

laissé pour mort par des voleurs. J'ai été condamné, comme insurgé[1], à être pendu, en Amérique, et jeté à la mer du pont
50 d'un bâtiment[2] sur les côtes de Chine. Chaque fois je me suis cru perdu, j'en ai pris immédiatement mon parti, sans attendrissement et même sans regrets.

«Mais la peur, ce n'est pas cela.

#1 «Je l'ai pressentie en Afrique. Et pourtant elle est fille du
55 Nord; le soleil la dissipe comme un brouillard. Remarquez bien ceci, messieurs. Chez les Orientaux, la vie compte pour rien; on est résigné tout de suite; les nuits sont claires et vides de légendes, les âmes aussi vides des inquiétudes sombres qui hantent les cerveaux dans les pays froids. En Orient, on peut
60 connaître la panique, on ignore la peur.

«Eh bien! voici ce qui m'est arrivé sur cette terre d'Afrique :

«Je traversais les grandes dunes au sud de Ouargla[3]. C'est là un des plus étranges pays du monde. Vous connaissez le sable uni, le sable droit des interminables plages de l'Océan. Eh bien!
65 figurez-vous l'Océan lui-même devenu sable au milieu d'un ouragan; imaginez une tempête silencieuse de vagues immobiles en poussière jaune. Elles sont hautes comme des montagnes, ces vagues inégales, différentes, soulevées tout à fait comme des flots déchaînés, mais plus grandes encore, et striées[4] comme de la
70 moire. Sur cette mer furieuse, muette et sans mouvement, le dévorant soleil du Sud verse sa flamme implacable[5] et directe. Il faut gravir ces lames de cendre d'or, redescendre, gravir encore, gravir sans cesse, sans repos et sans ombre. Les chevaux râlent[6], enfoncent jusqu'aux genoux, et glissent en dévalant l'autre ver-
75 sant des surprenantes collines.

---

1. *Insurgé* : révolté.
2. *Bâtiment* : navire.
3. *Ouargla* : ville du sud de l'Algérie.
4. *Striées* : marquées de fins sillons parallèles.
5. *Implacable* : sans pitié.
6. *Râlent* : respirent avec un son rauque.

«Nous étions deux amis suivis de huit spahis[1] et de quatre chameaux avec leurs chameliers. Nous ne parlions plus, accablés de chaleur, de fatigue, et desséchés de soif comme ce désert ardent.
80 Soudain un de ces hommes poussa une sorte de cri; tous s'arrêtèrent; et nous demeurâmes immobiles, surpris par un inexplicable phénomène connu des voyageurs en ces contrées perdues.

«Quelque part, près de nous, dans une direction indéterminée, un tambour battait, le mystérieux tambour des dunes; il battait distinctement, tantôt plus vibrant, tantôt affaibli, arrêtant,
85 puis reprenant son roulement fantastique.

«Les Arabes, épouvantés, se regardaient; et l'un dit, en sa langue: "La mort est sur nous." Et voilà que tout à coup mon compagnon, mon ami, presque mon frère, tomba de cheval, la tête en avant, foudroyé par une insolation.

90 «Et pendant deux heures, pendant que j'essayais en vain de le sauver, toujours ce tambour insaisissable m'emplissait l'oreille de son bruit monotone, intermittent[2] et incompréhensible; et je sentais se glisser dans mes os la peur, la vraie peur, la hideuse peur, en face de ce cadavre aimé, dans ce trou incendié par le
95 soleil entre quatre monts de sable, tandis que l'écho inconnu nous jetait, à deux cents lieues de tout village français, le battement rapide du tambour.

«Ce jour-là, je compris ce que c'était que d'avoir peur; je l'ai su mieux encore une autre fois...»
100 Le commandant interrompit le conteur:

«Pardon, monsieur, mais ce tambour? Qu'était-ce?»

Le voyageur répondit:

«Je n'en sais rien. Personne ne sait. Les officiers, surpris souvent par ce bruit singulier, l'attribuent généralement à l'écho
105 grossi, multiplié, démesurément enflé par les vallonnements des

---

1. Spahis : cavaliers des corps auxiliaires indigènes de l'armée française en Afrique du Nord.
2. Intermittent : qui s'arrête et reprend par intervalles.

dunes, d'une grêle de grains de sable emportés dans le vent et heurtant une touffe d'herbes sèches ; car on a toujours remarqué que le phénomène se produit dans le voisinage de petites plantes brûlées par le soleil, et dures comme du parchemin.

110 «Ce tambour ne serait donc qu'une sorte de mirage du son. Voilà tout. Mais je n'appris cela que plus tard.

«J'arrive à ma seconde émotion.

«C'était l'hiver dernier, dans une forêt du nord-est de la France. La nuit vint deux heures plus tôt, tant le ciel était sombre.

115 J'avais pour guide un paysan qui marchait à mon côté, par un tout petit chemin, sous une voûte de sapins dont le vent déchaîné tirait des hurlements. Entre les cimes[1], je voyais courir des nuages en déroute, des nuages éperdus[2] qui semblaient fuir devant une épouvante. Parfois, sous une immense rafale, toute la

120 forêt s'inclinait dans le même sens avec un gémissement de souffrance ; et le froid m'envahissait, malgré mon pas rapide et mon lourd vêtement.

«Nous devions souper et coucher chez un garde forestier[3] dont la maison n'était plus éloignée de nous. J'allais là pour

125 chasser.

«Mon guide, parfois, levait les yeux et murmurait : "Triste temps !" Puis il me parla des gens chez qui nous arrivions. Le père avait tué un braconnier deux ans auparavant, et, depuis ce temps, il semblait sombre, comme hanté d'un souvenir. Ses deux

130 fils, mariés, vivaient avec lui.

«Les ténèbres étaient profondes. Je ne voyais rien devant moi, ni autour de moi, et toute la branchure[4] des arbres entrechoqués emplissait la nuit d'une rumeur incessante. Enfin, j'aperçus une lumière, et bientôt mon compagnon heurtait une porte. Des cris

---

1. *Cimes* : sommets des arbres.
2. *Éperdus* : désemparés.
3. *Garde forestier* : employé chargé d'entretenir et de conserver la forêt.
4. *La branchure* : les branches.

135 aigus de femmes nous répondirent. Puis, une voix d'homme, une voix étranglée, demanda : "Qui va là?" Mon guide se nomma. Nous entrâmes. Ce fut un inoubliable tableau.

«Un vieil homme à cheveux blancs, à l'œil fou, le fusil chargé dans la main, nous attendait debout au milieu de la cuisine, 140 tandis que deux grands gaillards, armés de haches, gardaient la porte. Je distinguai dans les coins sombres deux femmes à genoux, le visage caché contre le mur.

«On s'expliqua. Le vieux remit son arme contre le mur et ordonna de préparer ma chambre; puis, comme les femmes ne 145 bougeaient point, il me dit brusquement :

«"Voyez-vous, monsieur, j'ai tué un homme, voilà deux ans cette nuit. L'autre année, il est revenu m'appeler. Je l'attends encore ce soir."

«Puis il ajouta d'un ton qui me fit sourire :

150 «"Aussi, nous ne sommes pas tranquilles."

«Je le rassurai comme je pus, heureux d'être venu justement ce soir-là, et d'assister au spectacle de cette terreur superstitieuse. Je racontai des histoires, et je parvins à calmer à peu près tout le monde.

155 «Près du foyer, un vieux chien, presque aveugle et moustachu, un de ces chiens qui ressemblent à des gens qu'on connaît, dormait le nez dans ses pattes.

«Au-dehors, la tempête acharnée battait la petite maison, et, par un étroit carreau[1], une sorte de judas[2] placé près de la porte, 160 je voyais soudain tout un fouillis d'arbres bousculés par le vent à la lueur de grands éclairs.

«Malgré mes efforts, je sentais bien qu'une terreur profonde tenait ces gens, et chaque fois que je cessais de parler, toutes les oreilles écoutaient au loin. Las[3] d'assister à ces craintes imbé-

---

1. *Un étroit carreau* : une vitre étroite.
2. *Judas* : petite ouverture permettant de voir qui se présente devant une porte.
3. *Las* : fatigué.

Le miroir, reflet énigmatique

En renvoyant une image, le miroir crée un double. Cette apparition spéculaire devient troublante quand elle constitue un reflet méconnaissable. Nombreux sont les artistes à s'emparer de ce motif et à en explorer l'infinie plasticité. Présent dès les premières versions du « Horla », l'épisode du miroir (p. 67-68) est particulièrement inquiétant dans la nouvelle de Maupassant puisqu'il ne réfléchit pas l'homme qui s'y regarde.

▲ Léon Spilliaert, *Autoportrait au miroir*, 1908, encre, aquarelle, gouache sur papier.

▶ Charles Allan Gilbert (1873-1929), *All is Vanity*, 1892. Le titre de cette œuvre fait allusion au genre de la vanité : en vogue à la période baroque (première moitié du XVIIe siècle), ce type de nature morte fait figurer un crâne à côté d'objets du quotidien, pour rappeler la fragilité de la vie humaine. Ici, le contraste entre la frivolité de cette scène de toilette et la vision macabre qu'offre le tableau vu dans son ensemble fait du miroir un objet ambivalent.

▲ **Pol Bury (1922-2005),** *Autoportrait en miroir*. Influencé notamment par l'artiste américain Alexander Calder (1898-1976), ce plasticien belge est célèbre pour ses œuvres en mouvement, sculptures et fontaines qui jouent sur les effets d'instabilité et les variations de la lumière. Sur cette photographie, Pol Bury réalise un autoportrait déformé, qui met en évidence la complexité de notre vie intérieure et les méandres de notre personnalité.

▲ René Magritte (1898-1967), *La Reproduction interdite*, 1937, peinture à l'huile, musée Boijmans
Van Beuningen, Rotterdam. René Magritte se réclame du surréalisme, mouvement artistique qui
a pour but d'exprimer le rêve, le subconscient et une pensée libre de toute contrainte rationnelle.
Ainsi, ses toiles entretiennent un rapport étroit avec le fantastique, mêlant représentation
très réaliste du monde et fantaisie débridée. Dans ce tableau, la scène trouble le public
à la fois par l'exactitude de sa composition et par l'impossibilité physique qu'elle donne à voir.
René Magritte s'est fait le spécialiste de telles scènes surréelles, combinant par exemple jour
et nuit sur une même toile (*L'Empire des lumières II*).

Les traitements de la folie au XIXᵉ siècle

Le siècle de Maupassant assiste à une évolution profonde de la perception de la folie par la société et la médecine. C'est à cette époque que se développe une approche scientifique et méthodique des troubles mentaux. La diversité des traitements révèle les efforts fournis par la communauté scientifique pour faire des « fous » des patients, sans les réduire à des excentriques ni les mettre au ban de la société.

▲ Les médecins essayent de soigner les troubles mentaux par l'hydrothérapie, thérapie utilisant les vertus de l'eau et inventée par le prêtre allemand Sebastian Kneipp (1821-1897). Ainsi, on administre aux patients des bains d'eau glacée et on leur verse sur la tête de l'eau froide, par surprise. Si ces méthodes brutales ont aujourd'hui disparu, l'hydrothérapie et la thalassothérapie sont encore largement utilisées dans le cadre de cures de bien-être et de renforcement des défenses immunitaires.

Dans « Le Horla », Maupassant fait allusion à la vogue de l'hydrothérapie (le narrateur doit prendre des « douches » pour soigner sa tension nerveuse, p. 41). Mais l'eau y est un élément ambivalent : selon le narrateur, c'est aussi par le fleuve que le Horla s'est introduit dans sa maison.

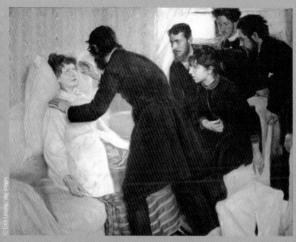

◄ Richard Bergh (1858-1919), *Séance d'hypnose*, 1887, Malmö Konstmuseum. Moyen d'influer sur l'activité mentale du patient, l'hypnose est utilisée par certains médecins pour traiter l'hystérie. En Europe, le phénomène fascine les milieux scientifiques et artistiques, et il n'est pas rare d'assister à des séances publiques.

▲ Keira Knightley (jouant le rôle de Sabina Spielrein) et Michael Fassbender (jouant le rôle de Carl Jung) dans *A Dangerous Method* de David Cronenberg, 2011.
Ce film met en scène les relations de Sigmund Freud (1856-1939), fondateur de la psychanalyse, de Carl Jung (1875-1961), son disciple, et de la patiente de ce dernier, Sabina Spielrein (1885-1942). Celle-ci deviendra la maîtresse de Jung. Pour soigner la folie, la psychanalyse propose un traitement par la parole, qui incite le malade à explorer ses désirs inconscients et les traumatismes à l'origine de ses troubles. L'expression de l'actrice traduit toute la tension physique et mentale du fou, alors que la placidité et le flegme du médecin sont les signes d'une approche rigoureuse et méthodique.

L'apparition

Le siècle de Maupassant accorde un intérêt indéniable aux phénomènes surnaturels : à cette époque fleurissent le magnétisme (voir p. 18-19) et le spiritisme, science occulte par le biais de laquelle ceux qui la pratiquent tentent de parler aux morts. En multipliant les représentations de fantômes ou d'apparitions mystiques, la littérature et les arts visuels témoignent de cet engouement.

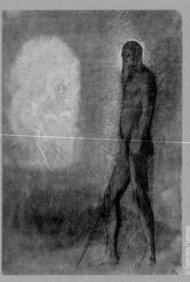

▷ Odilon Redon (1840-1916), *L'Apparition*, huile sur toile, Otterlo, Rijksmuseum Kroller-Muller. Le peintre donne à voir une apparition, auréolée d'un halo de lumière. Représenter ce genre de scènes reste un défi pour les artistes, qu'ils soient plasticiens ou écrivains : ils doivent retranscrire l'ambiguïté de la vision, dont le spectateur ne sait si elle est réelle ou s'il s'agit d'un fantasme issu de l'imagination.

◁ Roger Child Bayley, photographie spirite, 1910. Dès les années 1870, des groupes de spiritisme s'emparent de la photographie, technique nouvelle et « objective », pour « représenter » des phénomènes surnaturels. Ces photographes spirites proposent même aux familles de faire apparaître un défunt sur leurs portraits, lors de très longues séances de pose où le photographe pratique une sorte d'invocation. Les spirites utilisent plusieurs trucages, comme la surimpression de plusieurs images sur une plaque photographique.

Représentations de l'angoisse

Peindre ou décrire l'angoisse suppose d'observer attentivement ses symptômes physiques tels les mains portées à la tête, les yeux exorbités...

◀ Gustave Courbet (1819-1877), *Le Désespéré*, 1843-1845, huile sur toile, collection privée. Le personnage, qui regarde dans la direction du spectateur, paraît faire face à une apparition terrifiante, digne du Horla. Dans la suite de sa carrière, Gustave Courbet deviendra le porte-parole du réalisme en peinture, notamment pour ses tableaux *Un enterrement à Ornans* (1849-1850), figurant des funérailles d'une manière extrèmement concrète, ou *L'Origine du monde* (1866), représentant un sexe féminin.

Collection particulière

▶ Edvard Munch (1863-1944), *Le Cri*, 1893, tempera sur bois, musée Munch, Oslo. Munch, artiste norvégien, est un représentant de l'expressionnisme, mouvement artistique qui met l'accent sur la représentation d'émotions intenses. Ici, le peintre révèle le caractère angoissant du monde qui nous environne. Les lignes courbes accentuent la torsion du personnage en proie au désespoir, qui pousse (ou qui entend ?) un cri terrorisant. Il existe plusieurs versions de ce tableau, l'angoisse étant l'un des thèmes les plus explorés par Munch.

Une adaptation du « Horla » en BD

En 2012, Éric Puech et Frédéric Bertocchini proposent une création originale : l'une des premières adaptations du « Horla » de Maupassant en bande dessinée. Dans cette œuvre, les artistes restent fidèles aussi bien à la lettre du texte qu'à son atmosphère oppressante.

▲ Frédéric Bertocchini et Éric Puech, *Le Horla de Maupassant*, éditions du Quinquet, 2012.
Si adapter un chef-d'œuvre de la littérature est toujours une gageure, la scène du miroir représente sans doute l'une des plus difficiles à interpréter en bande dessinée. Tout l'art du dessinateur consiste à ne pas trancher entre la vision avérée et l'hallucination outrée d'un fou.

ciles, j'allais demander à me coucher, quand le vieux garde tout à coup fit un bond de sa chaise, saisit de nouveau son fusil, en bégayant d'une voix égarée : "Le voilà, le voilà ! Je l'entends !" Les deux femmes retombèrent à genoux dans leurs coins en se cachant le visage ; et les fils reprirent leurs haches. J'allais tenter encore de les apaiser, quand le chien endormi s'éveilla brusquement et, levant sa tête, tendant le cou, regardant vers le feu de son œil presque éteint, il poussa un de ces lugubres hurlements qui font tressaillir les voyageurs, le soir, dans la campagne. Tous les yeux se portèrent sur lui, il restait maintenant immobile, dressé sur ses pattes comme hanté d'une vision, et il se remit à hurler vers quelque chose d'invisible, d'inconnu, d'affreux sans doute, car tout son poil se hérissait. Le garde, livide[1], cria : "Il le sent ! il le sent ! il était là quand je l'ai tué." Et les femmes égarées se mirent, toutes les deux, à hurler avec le chien.

« Malgré moi, un grand frisson me courut entre les épaules. Cette vision de l'animal dans ce lieu, à cette heure, au milieu de ces gens éperdus, était effrayante à voir.

« Alors, pendant une heure, le chien hurla sans bouger ; il hurla comme dans l'angoisse d'un rêve ; et la peur, l'épouvantable peur entrait en moi ; la peur de quoi ? Le sais-je ? C'était la peur, voilà tout.

« Nous restions immobiles, livides, dans l'attente d'un événement affreux, l'oreille tendue, le cœur battant, bouleversés au moindre bruit. Et le chien se mit à tourner autour de la pièce, en sentant les murs et gémissant toujours. Cette bête nous rendait fous ! Alors, le paysan qui m'avait amené, se jeta sur elle, dans une sorte de paroxysme[2] de terreur furieuse, et, ouvrant une porte donnant sur une petite cour, jeta l'animal dehors.

« Il se tut aussitôt ; et nous restâmes plongés dans un silence plus terrifiant encore. Et soudain, tous ensemble, nous eûmes

---

1. *Livide* : extrêmement pâle.
2. *Paroxysme* : sommet, point culminant.

une sorte de sursaut : un être glissait contre le mur du dehors vers la forêt ; puis il passa contre la porte, qu'il sembla tâter, d'une main hésitante ; puis on n'entendit plus rien pendant deux minutes qui firent de nous des insensés ; puis il revint, frôlant
200 toujours la muraille ; et il gratta légèrement, comme ferait un enfant avec son ongle ; puis soudain une tête apparut contre la vitre du judas, une tête blanche avec des yeux lumineux comme ceux des fauves. Et un son sortit de sa bouche, un son indistinct, un murmure plaintif.

205 « Alors un bruit formidable[1] éclata dans la cuisine. Le vieux garde avait tiré. Et aussitôt les fils se précipitèrent, bouchèrent le judas en dressant la grande table qu'ils assujettirent[2] avec le buffet.

« Et je vous jure qu'au fracas du coup de fusil que je n'attendais point, j'eus une telle angoisse du cœur, de l'âme et du corps,
210 que je me sentis défaillir[3], prêt à mourir de peur.

« Nous restâmes là jusqu'à l'aurore, incapables de bouger, de dire un mot, crispés dans un affolement indicible[4].

« On n'osa débarricader la sortie qu'en apercevant, par la fente d'un auvent[5], un mince rayon de jour.

215 « Au pied du mur, contre la porte, le vieux chien gisait, la gueule brisée d'une balle.

Il était sorti de la cour en creusant un trou sous une palissade. »

L'homme au visage brun se tut ; puis il ajouta :

220 « Cette nuit-là pourtant, je ne courus aucun danger ; mais j'aimerais mieux recommencer toutes les heures où j'ai affronté les plus terribles périls, que la seule minute du coup de fusil sur la tête barbue du judas. »

---

1. *Formidable* : terrifiant.
2. *Assujettirent* : bloquèrent.
3. *Défaillir* : perdre connaissance.
4. *Indicible* : qu'on ne peut dire, exprimer.
5. *Auvent* : volet.

La Main d'écorché

Il y a huit mois environ, un de mes amis, Louis R..., avait réuni, un soir, quelques camarades de collège; nous buvions du punch[1] et nous fumions en causant littérature, peinture, et en racontant, de temps à autre, quelques joyeusetés, ainsi que cela se pratique dans les réunions de jeunes gens. Tout à coup la porte s'ouvre toute grande et un de mes bons amis d'enfance entre comme un ouragan. «Devinez d'où je viens, s'écrie-t-il aussitôt. – Je parie pour Mabille[2], répond l'un. – Non, tu es trop gai, tu viens d'emprunter de l'argent, d'enterrer ton oncle, ou de mettre ta montre chez ma tante[3], reprend un autre. – Tu viens de te griser, riposte un troisième, et comme tu as senti le punch chez Louis, tu es monté pour recommencer. – Vous n'y êtes point, je viens de P... en Normandie, où j'ai été passer huit jours et d'où je rapporte un grand criminel de mes amis que je vous demande la permission de vous présenter.» À ces mots, il tira de sa poche une main d'écorché; cette main était affreuse, noire, sèche, très longue et comme crispée, les muscles, d'une force extraordinaire[4], étaient retenus à l'intérieur et à l'extérieur par une lanière

---

1. _Punch_ : boisson alcoolisée, contenant, entre autres, rhum, gin et jus de fruits.
2. Le bal _Mabille_ a été fondé dans la première moitié du XIXe siècle par un danseur du même nom. Jusqu'en 1875, date de sa fermeture, il était situé sur l'actuelle avenue Montaigne à Paris.
3. _Ma tante_ : expression familière pour désigner un établissement de prêts sur gages, ou «mont-de-piété». En échange d'objets de valeur, le mont-de-piété prêtait une somme équivalente à leur prix de vente. Sans remboursement dans un certain délai, les objets mis en gage étaient revendus.
4. _Extraordinaire_ : qui sort de l'ordinaire, au sens propre.

de peau parcheminée[1], les ongles jaunes, étroits, étaient restés au
20 bout des doigts; tout cela sentait le scélérat d'une lieue. «Figurez-
vous, dit mon ami, qu'on vendait l'autre jour les défroques[2] d'un
vieux sorcier bien connu dans toute la contrée; il allait au
sabbat[3] tous les samedis sur un manche à balai, pratiquait la
magie blanche et noire, donnait aux vaches du lait bleu et leur
25 faisait porter la queue comme celle du compagnon de saint
Antoine[4]. Toujours est-il que ce vieux gredin[5] avait une grande
affection pour cette main, qui, disait-il, était celle d'un célèbre
criminel supplicié en 1736, pour avoir jeté, la tête la première,
dans un puits sa femme légitime, ce quoi faisant je trouve qu'il
30 n'avait pas tort, puis pendu au clocher de l'église le curé qui
l'avait marié. Après ce double exploit, il était allé courir le
monde et dans sa carrière aussi courte que bien remplie, il avait
détroussé douze voyageurs, enfumé une vingtaine de moines
dans leur couvent et fait un sérail[6] d'un monastère de religieuses.
35 – Mais que vas-tu faire de cette horreur? nous écriâmes-nous.
– Eh parbleu, j'en ferai mon bouton de sonnette pour effrayer
mes créanciers[7]. – Mon ami, dit Henri Smith, un grand Anglais
très flegmatique[8], je crois que cette main est tout simplement de
la viande indienne conservée par le procédé nouveau, je te
40 conseille d'en faire du bouillon. – Ne raillez pas, messieurs,
reprit avec le plus grand sang-froid un étudiant en médecine aux

---

1. Parcheminée : ayant l'aspect d'un vieux parchemin, c'est-à-dire jaune et
durcie.
2. Défroques : objets et vêtements de peu de valeur laissés par un défunt.
3. Sabbat : cérémonie nocturne réunissant sorcières et démons.
4. Compagnon de saint Antoine : cochon. Saint Antoine est régulièrement
représenté avec un cochon à ses pieds, en référence aux moines antonins qui
laissaient les cochons de leur monastère errer librement dans les villes.
5. Gredin : personne méprisable.
6. Sérail : harem, lieu où sont enfermées les nombreuses femmes d'un
sultan.
7. Mes créanciers : les personnes à qui je dois de l'argent.
8. Flegmatique : calme, imperturbable. Les Anglais étaient considérés
comme particulièrement impassibles.

trois quarts gris, et toi, Pierre, si j'ai un conseil à te donner, fais enterrer chrétiennement ce débris humain, de crainte que son propriétaire ne vienne te le redemander ; et puis, elle a peut-être
45 pris de mauvaises habitudes cette main, car tu sais le proverbe : "Qui a tué tuera." – Et qui a bu boira», reprit l'amphitryon[1]. Là-dessus il versa à l'étudiant un grand verre de punch, l'autre l'avala d'un seul trait et tomba ivre mort sous la table. Cette sortie fut accueillie par des rires formidables[2], et Pierre élevant
50 son verre et saluant la main : «Je bois, dit-il, à la prochaine visite de ton maître», puis on parla d'autre chose et chacun rentra chez soi.

Le lendemain, comme je passais devant sa porte, j'entrai chez lui, il était environ deux heures, je le trouvai lisant et fumant. «Eh
55 bien, comment vas-tu ? lui dis-je. – Très bien, me répondit-il. – Et ta main ? – Ma main, tu as dû la voir à ma sonnette où je l'ai mise hier soir en rentrant, mais à ce propos figure-toi qu'un imbécile quelconque, sans doute pour me faire une mauvaise farce, est venu carillonner[3] à ma porte vers minuit ; j'ai demandé qui était
60 là, mais comme personne ne me répondait, je me suis recouché et rendormi.»

En ce moment, on sonna, c'était le propriétaire, personnage grossier et fort impertinent. Il entra sans saluer. «Monsieur, dit-il à mon ami, je vous prie d'enlever immédiatement la charogne[4]
65 que vous avez pendue à votre cordon de sonnette, sans quoi je me verrai forcé de vous donner congé. – Monsieur, reprit Pierre avec beaucoup de gravité, vous insultez une main qui ne le mérite pas, sachez qu'elle a appartenu à un homme fort bien élevé.» Le propriétaire tourna les talons et sortit comme il était entré. Pierre
70 le suivit, décrocha sa main et l'attacha à la sonnette pendue dans

---

1. *Amphitryon* : hôte, celui qui offre à boire et à manger à ses invités.
2. *Formidables* : au sens propre, effrayants. La transition vers la suite de la nouvelle est assurée.
3. *Carillonner* : sonner.
4. *La charogne* : le corps pourrissant.

son alcôve[1]. «Cela vaut mieux, dit-il, cette main, comme le "Frère il faut mourir" des Trappistes[2] me donnera des pensées sérieuses tous les soirs en m'endormant.» Au bout d'une heure je le quittai et je rentrai à mon domicile.

75   Je dormis mal la nuit suivante, j'étais agité, nerveux; plusieurs fois je me réveillai en sursaut, un moment même je me figurai qu'un homme s'était introduit chez moi et je me levai pour regarder dans mes armoires et sous mon lit; enfin, vers six heures du matin, comme je commençais à m'assoupir, un coup
80 violent, frappé à ma porte, me fit sauter du lit; c'était le domestique de mon ami, à peine vêtu, pâle et tremblant. «Ah monsieur! s'écria-t-il en sanglotant, mon pauvre maître qu'on a assassiné.» Je m'habillai à la hâte et je courus chez Pierre. La maison était pleine de monde, on discutait, on s'agitait, c'était
85 un mouvement incessant, chacun pérorait[3], racontait et commentait l'événement de toutes les façons. Je parvins à grand-peine jusqu'à la chambre, la porte était gardée, je me nommai, on me laissa entrer. Quatre agents de la police étaient debout au milieu, un carnet à la main, ils examinaient, se parlaient bas de
90 temps en temps et écrivaient; deux docteurs causaient près du lit sur lequel Pierre était étendu sans connaissance. Il n'était pas mort, mais il avait un aspect effrayant. Ses yeux démesurément ouverts, ses prunelles dilatées semblaient regarder fixement avec une indicible[4] épouvante une chose horrible et inconnue, ses
95 doigts étaient crispés, son corps, à partir du menton, était recouvert d'un drap que je soulevai. Il portait au cou les marques de

---

1. Alcôve : renfoncement dans une chambre, où est placé le lit.
2. Trappistes : moines appartenant à l'ordre religieux de la Trappe, très strict. La réflexion sur la mort leur permettait de se détacher des réalités matérielles et terrestres. Au XIXe siècle, une rumeur prétendait que, lorsque deux trappistes se rencontraient, ils se disaient en guise de salut : «Frère, il faut mourir.»
3. Pérorait : parlait beaucoup et bruyamment.
4. Indicible : qu'on ne peut dire, exprimer.

cinq doigts qui s'étaient profondément enfoncés dans la chair, quelques gouttes de sang maculaient[1] sa chemise. En ce moment une chose me frappa, je regardai par hasard la sonnette de son
100 alcôve, la main d'écorché n'y était plus. Les médecins l'avaient sans doute enlevée pour ne point impressionner les personnes qui entreraient dans la chambre du blessé, car cette main était vraiment affreuse. Je ne m'informai point de ce qu'elle était devenue.

105 Je coupe maintenant, dans un journal du lendemain, le récit du crime avec tous les détails que la police a pu se procurer. Voici ce qu'on y lisait :

«Un attentat horrible a été commis hier sur la personne d'un jeune homme, M. Pierre B…, étudiant en droit, qui appartient à
110 une des meilleures familles de Normandie. Ce jeune homme était rentré chez lui vers dix heures du soir, il renvoya son domestique, le sieur Bouvin, en lui disant qu'il était fatigué et qu'il allait se mettre au lit. Vers minuit, cet homme fut réveillé tout à coup par la sonnette de son maître qu'on agitait avec fureur. Il eut peur,
115 alluma une lumière et attendit; la sonnette se tut environ une minute, puis reprit avec une telle force que le domestique, éperdu[2] de terreur, se précipita hors de sa chambre et alla réveiller le concierge, ce dernier courut avertir la police et, au bout d'un quart d'heure environ, deux agents enfonçaient la
120 porte. Un spectacle horrible s'offrit à leurs yeux, les meubles étaient renversés, tout annonçait qu'une lutte terrible avait eu lieu entre la victime et le malfaiteur. Au milieu de la chambre, sur le dos, les membres raides, la face livide[3] et les yeux effroyablement dilatés, le jeune Pierre B… gisait sans mouvement; il por-
125 tait au cou les empreintes profondes de cinq doigts. Le rapport du docteur Bourdeau, appelé immédiatement, dit que l'agresseur

---

1. *Maculaient* : tachaient.
2. *Éperdu* : désemparé.
3. *Livide* : extrêmement pâle.

devait être doué d'une force prodigieuse et avoir une main extra-ordinairement maigre et nerveuse, car les doigts qui ont laissé dans le cou comme cinq trous de balle s'étaient presque rejoints 130 à travers les chairs. Rien ne peut faire soupçonner le mobile du crime, ni quel peut en être l'auteur. La justice informe[1].»

On lisait le lendemain dans le même journal :

«M. Pierre B…, la victime de l'effroyable attentat que nous racontions hier, a repris connaissance après deux heures de soins 135 assidus donnés par M. le docteur Bourdeau. Sa vie n'est pas en danger, mais on craint fortement pour sa raison ; on n'a aucune trace du coupable.»

En effet, mon pauvre ami était fou ; pendant sept mois, j'allai le voir tous les jours à l'hospice[2] où nous l'avions placé, mais il 140 ne recouvra[3] pas une lueur de raison. Dans son délire, il lui échappait des paroles étranges et, comme tous les fous, il avait une idée fixe, il se croyait toujours poursuivi par un spectre. Un jour, on vint me chercher en toute hâte en me disant qu'il allait plus mal, je le trouvai à l'agonie. Pendant deux heures, il resta 145 fort calme, puis tout à coup, se dressant sur son lit malgré nos efforts, il s'écria en agitant les bras et comme en proie à une épouvantable terreur : «Prends-la ! Prends-la ! Il m'étrangle, au secours, au secours !» Il fit deux fois le tour de la chambre en hurlant, puis il tomba mort, la face contre terre.

150 Comme il était orphelin, je fus chargé de conduire son corps au petit village de P… en Normandie, où ses parents étaient enter-rés. C'est de ce même village qu'il venait, le soir où il nous avait trouvés buvant du punch chez Louis R… et où il nous avait pré-senté sa main d'écorché. Son corps fut enfermé dans un cercueil 155 de plomb, et quatre jours après, je me promenais tristement avec le vieux curé qui lui avait donné ses premières leçons, dans le petit

---

1. *Informe* : enquête.
2. *Hospice* : établissement de soins.
3. *Recouvra* : retrouva.

cimetière où l'on creusait sa tombe. Il faisait un temps magnifique, le ciel tout bleu ruisselait de lumière, les oiseaux chantaient
dans les ronces du talus[1], où bien des fois, enfants tous deux, nous
160 étions venus manger des mûres. Il me semblait encore le voir se
faufiler le long de la haie et se glisser par le petit trou que je
connaissais bien, là-bas, tout au bout du terrain où l'on enterre les
pauvres, puis nous revenions à la maison, les joues et les lèvres
noires du jus des fruits que nous avions mangés ; et je regardai les
165 ronces, elles étaient couvertes de mûres ; machinalement j'en pris
une, et je la portai à ma bouche ; le curé avait ouvert son bréviaire[2]
et marmottait[3] tout bas ses *oremus*[4], et j'entendais au bout de
l'allée la bêche des fossoyeurs qui creusaient la tombe. Tout à
coup, ils nous appelèrent, le curé ferma son livre et nous allâmes
170 voir ce qu'ils nous voulaient. Ils avaient trouvé un cercueil. D'un
coup de pioche, ils firent sauter le couvercle et nous aperçûmes un
squelette démesurément long, couché sur le dos, qui, de son œil
creux, semblait encore nous regarder et nous défier ; j'éprouvai un
malaise, je ne sais pourquoi j'eus presque peur. «Tiens ! s'écria un
175 des hommes, regardez donc, le gredin a un poignet coupé, voilà
sa main.» Et il ramassa à côté du corps une grande main desséchée
qu'il nous présenta. «Dis donc, fit l'autre en riant, on dirait qu'il
te regarde et qu'il va te sauter à la gorge pour que tu lui rendes sa
main. – Allons mes amis, dit le curé, laissez les morts en paix et
180 refermez ce cercueil, nous creuserons autre part la tombe de ce
pauvre monsieur Pierre.»

Le lendemain tout était fini et je reprenais la route de Paris
après avoir laissé cinquante francs au vieux curé pour dire des
messes pour le repos de l'âme de celui dont nous avions ainsi
185 troublé la sépulture[5].

---

1. *Talus* : petit monticule créant une pente.
2. *Bréviaire* : livre de prières.
3. *Marmottait* : marmonnait.
4. *Oremus* : expression signifiant «Prions», en latin ; début de prières.
5. *Sépulture* : tombe.

Qui sait?

I

Mon Dieu! Mon Dieu! Je vais donc écrire enfin ce qui m'est arrivé! Mais le pourrai-je? l'oserai-je? Cela est si bizarre, si inexplicable, si incompréhensible, si fou!

Si je n'étais sûr de ce que j'ai vu, sûr qu'il n'y a eu dans mes
5 raisonnements aucune défaillance[1], aucune erreur dans mes constatations, pas de lacune[2] dans la suite inflexible[3] de mes observations, je me croirais un simple halluciné, le jouet d'une étrange vision. Après tout, qui sait?

Je suis aujourd'hui dans une maison de santé[4]; mais j'y suis
10 entré volontairement, par prudence, par peur!

Un seul être connaît mon histoire. Le médecin d'ici.

Je vais l'écrire. Je ne sais trop pourquoi. Pour m'en débarrasser, car je la sens en moi comme un intolérable cauchemar.

La voici:

15 J'ai toujours été un solitaire, un rêveur, une sorte de philosophe isolé, bienveillant, content de peu, sans aigreur[5] contre les hommes et sans rancune contre le ciel. J'ai vécu seul, sans cesse, par suite d'une sorte de gêne qu'insinue[6] en moi la présence des

---

1. Défaillance : faiblesse.
2. Lacune : manque, trou.
3. Inflexible : inébranlable.
4. Maison de santé : institut psychiatrique.
5. Aigreur : amertume, irritation.
6. Insinue : fait entrer.

autres. Comment expliquer cela ? Je ne le pourrais. Je ne refuse pas
20 de voir le monde, de causer, de dîner avec des amis, mais lorsque
je les sens depuis longtemps près de moi, même les plus familiers,
ils me lassent, me fatiguent, m'énervent, et j'éprouve une envie
grandissante, harcelante, de les voir partir ou de m'en aller, d'être
seul. Cette envie est plus qu'un besoin, c'est une nécessité irrésis-
25 tible. Et si la présence des gens avec qui je me trouve continuait, si
je devais, non pas écouter, mais entendre longtemps encore leurs
conversations, il m'arriverait, sans aucun doute, un accident.

Lequel ? Ah ! qui sait ? Peut-être une simple syncope[1] ? oui !
probablement !

30 J'aime tant être seul que je ne puis même supporter le voisinage d'autres êtres dormant sous mon toit ; je ne puis habiter
Paris parce que j'y agonise indéfiniment. Je meurs moralement,
et suis aussi supplicié dans mon corps et dans mes nerfs par cette
immense foule qui grouille, qui vit autour de moi, même quand
35 elle dort. Ah ! le sommeil des autres m'est plus pénible encore
que leur parole. Et je ne peux jamais me reposer, quand je sais,
quand je sens, derrière un mur, des existences interrompues par
ces régulières éclipses de la raison.

Pourquoi suis-je ainsi ? Qui sait ? La cause en est peut-être
40 fort simple : je me fatigue très vite de tout ce qui ne se passe pas
en moi. Et il y a beaucoup de gens dans mon cas.

Nous sommes deux races sur la terre. Ceux qui ont besoin
des autres, que les autres distraient, occupent, reposent, et que
la solitude harasse, épuise, anéantit, comme l'ascension d'un ter-
45 rible glacier ou la traversée du désert, et ceux que les autres, au
contraire, lassent, ennuient, gênent, courbaturent[2], tandis que
l'isolement les calme, les baigne de repos dans l'indépendance
et la fantaisie de leur pensée.

En somme, il y a là un normal phénomène psychique. Les
50 uns sont doués pour vivre en dehors, les autres pour vivre en

---

1. *Syncope* : évanouissement.
2. *Courbaturent* : font souffrir telle une douleur musculaire après l'effort.

dedans. Moi, j'ai l'attention extérieure courte et vite épuisée, et, dès qu'elle arrive à ses limites, j'en éprouve, dans tout mon corps et dans toute mon intelligence, un intolérable malaise.

Il en est résulté que je m'attache, que je m'étais attaché beau-
55 coup aux objets inanimés qui prennent, pour moi, une impor-
tance d'êtres, et que ma maison est devenue, était devenue, un monde où je vivais d'une vie solitaire et active, au milieu de choses, de meubles, de bibelots familiers, sympathiques à mes yeux comme des visages. Je l'en avais emplie peu à peu, je l'en
60 avais parée, et je me sentais dedans, content, satisfait, bienheu-
reux comme entre les bras d'une femme aimable dont la caresse accoutumée est devenue un calme et doux besoin.

J'avais fait construire cette maison dans un beau jardin qui l'isolait des routes, et à la porte d'une ville où je pouvais trouver,
65 à l'occasion, les ressources de société dont je sentais, par moments, le désir. Tous mes domestiques couchaient dans un bâtiment éloigné, au fond du potager, qu'entourait un grand mur.

L'enveloppement obscur des nuits, dans le silence de ma demeure perdue, cachée, noyée sous les feuilles des grands
70 arbres, m'était si reposant et si bon, que j'hésitais chaque soir, pendant plusieurs heures, à me mettre au lit pour le savourer plus longtemps.

Ce jour-là, on avait joué *Sigurd*[1] au théâtre de la ville. C'était la première fois que j'entendais ce beau drame musical et fée-
75 rique, et j'y avais pris un vif plaisir.

Je revenais à pied, d'un pas allègre[2], la tête pleine de phrases sonores, et le regard hanté par de jolies visions. Il faisait noir, noir, mais noir au point que je distinguais à peine la grande route, et que je faillis, plusieurs fois, culbuter dans le fossé. De

---

1. *Sigurd* : opéra en quatre actes, créé en 1884, sur une musique d'Ernest Reyer. Il s'inspire notamment du mythe des Nibelungen, dans lequel Sigurd (ou Siegfried) est un chevalier doté d'un anneau qui le rend invisible.
2. *Allègre* : plein de vitalité.

80 l'octroi[1] chez moi, il y a un kilomètre environ, peut-être un peu plus, soit vingt minutes de marche lente. Il était une heure du matin, une heure ou une heure et demie ; le ciel s'éclaircit un peu devant moi et le croissant parut, le triste croissant du dernier quartier de la lune. Le croissant du premier quartier, celui qui se
85 lève à quatre ou cinq heures du soir, est clair, gai, frotté d'argent, mais celui qui se lève après minuit est rougeâtre, morne, inquiétant ; c'est le vrai croissant du Sabbat[2]. Tous les noctambules[3] ont dû faire cette remarque. Le premier, fût-il mince comme un fil, jette une petite lumière joyeuse qui réjouit le cœur, et dessine
90 sur la terre des ombres nettes ; le dernier répand à peine une lueur mourante, si terne qu'elle ne fait presque pas d'ombres.

J'aperçus au loin la masse sombre de mon jardin, et je ne sais d'où me vint une sorte de malaise à l'idée d'entrer là-dedans. Je ralentis le pas. Il faisait très doux. Le gros tas d'arbres avait l'air
95 d'un tombeau où ma maison était ensevelie.

J'ouvris ma barrière et je pénétrai dans la longue allée de sycomores[4], qui s'en allait vers le logis, arquée en voûte comme un haut tunnel, traversant des massifs opaques et contournant des gazons où les corbeilles de fleurs[5] plaquaient, sous les
100 ténèbres pâlies, des taches ovales aux nuances indistinctes.

En approchant de la maison, un trouble bizarre me saisit. Je m'arrêtai. On n'entendait rien. Il n'y avait pas dans les feuilles un souffle d'air.

« Qu'est-ce que j'ai donc ? » pensai-je. Depuis dix ans je ren-
105 trais ainsi sans que jamais la moindre inquiétude m'eût effleuré.

Je n'avais pas peur. Je n'ai jamais eu peur, la nuit. La vue d'un homme, d'un maraudeur[6], d'un voleur m'aurait jeté une rage

---

1. Octroi : local situé à la limite d'une ville et où l'on paie une taxe pour entrer dans la ville.
2. Sabbat : cérémonie nocturne réunissant sorcières et démons.
3. Les noctambules : ceux qui se promènent la nuit.
4. Sycomores : érables.
5. Corbeilles de fleurs : plates-bandes de fleurs circulaires.
6. Maraudeur : rôdeur.

dans le corps, et j'aurais sauté dessus sans hésiter. J'étais armé,
d'ailleurs. J'avais mon revolver. Mais je n'y touchai point, car je
110 voulais résister à cette influence de crainte qui germait en moi.

Qu'était-ce? Un pressentiment? Le pressentiment mystérieux qui s'empare des sens des hommes quand ils vont voir de
l'inexplicable? Peut-être? Qui sait?

À mesure que j'avançais, j'avais dans la peau des tressaille-
115 ments, et quand je fus devant le mur, aux auvents[1] clos, de ma
vaste demeure, je sentis qu'il me faudrait attendre quelques
minutes avant d'ouvrir la porte et d'entrer dedans. Alors, je
m'assis sur un banc, sous les fenêtres de mon salon. Je restai là,
un peu vibrant, la tête appuyée contre la muraille, les yeux
120 ouverts sur l'ombre des feuillages. Pendant ces premiers instants,
je ne remarquai rien d'insolite autour de moi. J'avais dans les
oreilles quelques ronflements; mais cela m'arrive souvent. Il me
semble parfois que j'entends passer des trains, que j'entends
sonner des cloches, que j'entends marcher une foule.

125 Puis bientôt ces ronflements devinrent plus distincts, plus précis,
plus reconnaissables. Je m'étais trompé. Ce n'était pas le bourdonnement ordinaire de mes artères qui mettait dans mes oreilles ces
rumeurs, mais un bruit très particulier, très confus cependant, qui
venait, à n'en point douter, de l'intérieur de ma maison.

130 Je le distinguais à travers le mur, ce bruit continu, plutôt une agitation qu'un bruit, un remuement vague d'un tas de choses, comme
si on eût secoué, déplacé, traîné doucement tous mes meubles.

Oh! je doutai, pendant un temps assez long encore, de la
sûreté de mon oreille. Mais l'ayant collée contre un auvent pour
135 mieux percevoir ce trouble étrange de mon logis, je demeurai
convaincu, certain, qu'il se passait chez moi quelque chose
d'anormal et d'incompréhensible. Je n'avais pas peur, mais
j'étais... comment exprimer cela... effaré[2] d'étonnement. Je

---

1. *Auvents* : volets.
2. *Effaré* : affolé.

n'armai pas mon revolver – devinant fort bien que je n'en avais
140 nul besoin. J'attendis.

J'attendis longtemps, ne pouvant me décider à rien, l'esprit
lucide, mais follement anxieux. J'attendis, debout, écoutant toujours le bruit qui grandissait, qui prenait, par moments, une
intensité violente, qui semblait devenir un grondement d'impa-
145 tience, de colère, d'émeute mystérieuse.

Puis soudain, honteux de ma lâcheté, je saisis mon trousseau
de clefs, je choisis celle qu'il me fallait, je l'enfonçai dans la ser-
rure, je la fis tourner deux fois, et poussant la porte de toute ma
force, j'envoyai le battant heurter la cloison.

150 Le coup sonna comme une détonation de fusil, et voilà qu'à
ce bruit d'explosion répondit, du haut en bas de ma demeure, un
formidable tumulte[1]. Ce fut si subit, si terrible, si assourdissant
que je reculai de quelques pas, et que, bien que le sentant toujours inutile, je tirai de sa gaine mon revolver.

155 J'attendis encore, oh! peu de temps. Je distinguais à présent,
un extraordinaire[2] piétinement sur les marches de mon escalier,
sur les parquets, sur les tapis, un piétinement, non pas de chaus-
sures, de souliers humains, mais de béquilles, de béquilles de bois
et de béquilles de fer qui vibraient comme des cymbales. Et voilà
160 que j'aperçus tout à coup, sur le seuil de ma porte, un fauteuil,
mon grand fauteuil de lecture, qui sortait en se dandinant. Il s'en
alla par le jardin. D'autres le suivaient, ceux de mon salon, puis les
canapés bas et se traînant comme des crocodiles sur leurs courtes
pattes, puis toutes mes chaises, avec des bonds de chèvres, et les
165 petits tabourets qui trottaient comme des lapins.

Oh! quelle émotion! Je me glissai dans un massif où je
demeurai accroupi, contemplant toujours ce défilé de mes
meubles, car ils s'en allaient tous, l'un derrière l'autre, vite ou
lentement, selon leur taille et leur poids. Mon piano, mon grand

---

1. *Formidable tumulte* : mouvement bruyant et terrifiant.
2. *Extraordinaire* : qui sort de l'ordinaire, au sens propre.

170 piano à queue, passa avec un galop de cheval emporté et un murmure de musique dans le flanc, les moindres objets glissaient sur
le sable comme des fourmis, les brosses, les cristaux, les coupes,
où le clair de lune accrochait des phosphorescences[1] de vers lui-
sants. Les étoffes rampaient, s'étalaient en flaques à la façon des
175 pieuvres de la mer. Je vis paraître mon bureau, un rare bibelot du
dernier siècle, et qui contenait toutes les lettres que j'ai reçues,
toute l'histoire de mon cœur, une vieille histoire dont j'ai tant
souffert! Et dedans étaient aussi des photographies.

Soudain, je n'eus plus peur, je m'élançai sur lui et je le saisis
180 comme on saisit un voleur, comme on saisit une femme qui fuit;
mais il allait d'une course irrésistible, et malgré mes efforts, et
malgré ma colère, je ne pus même ralentir sa marche. Comme je
résistais en désespéré à cette force épouvantable, je m'abattis par
terre en luttant contre lui. Alors, il me roula, me traîna sur le
185 sable, et déjà les meubles, qui le suivaient, commençaient à marcher sur moi, piétinant mes jambes et les meurtrissant; puis,
quand je l'eus lâché, les autres passèrent sur mon corps ainsi
qu'une charge[2] de cavalerie sur un soldat démonté[3].

Fou d'épouvante enfin, je pus me traîner hors de la grande
190 allée et me cacher de nouveau dans les arbres, pour regarder disparaître les plus infimes objets, les plus petits, les plus modestes,
les plus ignorés de moi, qui m'avaient appartenu.

Puis j'entendis, au loin, dans mon logis sonore à présent
comme les maisons vides, un formidable bruit de portes refer-
195 mées. Elles claquèrent du haut en bas de la demeure, jusqu'à ce
que celle du vestibule que j'avais ouverte moi-même, insensé,
pour ce départ, se fût close, enfin, la dernière.

Je m'enfuis aussi, courant vers la ville, et je ne repris mon
sang-froid que dans les rues, en rencontrant des gens attardés.

---

1. Phosphorescences : lueurs.
2. Une charge : un assaut, une attaque.
3. Démonté : tombé de cheval.

200 J'allai sonner à la porte d'un hôtel où j'étais connu. J'avais battu,
avec mes mains, mes vêtements, pour en détacher la poussière,
et je racontai que j'avais perdu mon trousseau de clefs, qui contenait aussi celle du potager, où couchaient mes domestiques en
une maison isolée, derrière le mur de clôture qui préservait mes
205 fruits et mes légumes de la visite des maraudeurs.

Je m'enfonçai jusqu'aux yeux dans le lit qu'on me donna.
Mais je ne pus dormir, et j'attendis le jour en écoutant bondir
mon cœur. J'avais ordonné qu'on prévînt mes gens dès l'aurore,
et mon valet de chambre heurta ma porte à sept heures du matin.
210 Son visage semblait bouleversé.

«Il est arrivé cette nuit un grand malheur, monsieur, dit-il.

– Quoi donc?

– On a volé tout le mobilier de monsieur, tout, tout, jusqu'aux plus petits objets.» Cette nouvelle me fit plaisir. Pour-
215 quoi? qui sait?

J'étais fort maître de moi, sûr de dissimuler, de ne rien dire à
personne de ce que j'avais vu, de le cacher, de l'enterrer dans ma
conscience comme un effroyable secret. Je répondis :

«Alors, ce sont les mêmes personnes qui m'ont volé mes
220 clefs. Il faut prévenir tout de suite la police. Je me lève et je vous
y rejoindrai dans quelques instants.» L'enquête dura cinq mois.
On ne découvrit rien, on ne trouva ni le plus petit de mes bibelots, ni la plus légère trace des voleurs. Parbleu! Si j'avais dit ce
que je savais... Si je l'avais dit... on m'aurait enfermé, moi, pas
225 les voleurs, mais l'homme qui avait pu voir une pareille chose.

Oh! je sus me taire. Mais je ne remeublai pas ma maison.
C'était bien inutile. Cela aurait recommencé toujours. Je n'y voulais plus rentrer. Je n'y rentrai pas.

Je ne la revis point.

230 Je vins à Paris, à l'hôtel, et je consultai des médecins sur mon état
nerveux qui m'inquiétait beaucoup depuis cette nuit déplorable.

Ils m'engagèrent à [1] voyager. Je suivis leur conseil.

---

1. M'engagèrent à : me conseillèrent de.

II

Je commençai par une excursion en Italie. Le soleil me fit du bien. Pendant six mois, j'errai de Gênes à Venise, de Venise à Florence, de Florence à Rome, de Rome à Naples[1]. Puis je parcourus la Sicile[2], terre admirable par sa nature et ses monu-
5 ments, reliques laissées par les Grecs et les Normands. Je passai en Afrique, je traversai pacifiquement ce grand désert jaune et calme, où errent des chameaux, des gazelles et des Arabes vagabonds, où, dans l'air léger et transparent, ne flotte aucune hantise[3], pas plus la nuit que le jour. Je rentrai en France par
10 Marseille, et malgré la gaîté provençale, la lumière diminuée du ciel m'attrista. Je ressentis, en revenant sur le continent, l'étrange impression d'un malade qui se croit guéri et qu'une douleur sourde prévient que le foyer du mal n'est pas éteint.

Puis je revins à Paris. Au bout d'un mois, je m'y ennuyai.
15 C'était à l'automne, et je voulus faire, avant l'hiver, une excursion à travers la Normandie, que je ne connaissais pas.

Je commençai par Rouen[4], bien entendu, et pendant huit jours j'errai, distrait, ravi, enthousiasmé dans cette ville du Moyen Âge, dans ce surprenant musée d'extraordinaires monu-
20 ments gothiques[5].

Or, un soir, vers quatre heures, comme je m'engageais dans une rue invraisemblable où coule une rivière noire comme de l'encre nommée «Eau de Robec[6]», mon attention, toute fixée sur

---

1. *Gênes, Venise, Florence, Naples* : villes italiennes.
2. *Sicile* : île du sud de l'Italie, colonisée par les Grecs pendant l'Antiquité, conquise par les Romains, puis par les Normands au XIᵉ siècle,
3. *Hantise* : crainte obsédante.
4. *Rouen* : ville de Normandie, traversée par la Seine. Elle contient de nombreux monuments datant du Moyen Âge.
5. *Gothiques* : qui relèvent de l'architecture gothique, apparue au XIIᵉ siècle et caractérisée par la recherche de la hauteur et de la finesse. Les cathédrales de Rouen et de Chartres sont des cathédrales gothiques.
6. *Robec* : affluent de la Seine, qui arrose Rouen.

la physionomie bizarre et antique des maisons, fut détournée
25 tout à coup par la vue d'une série de boutiques de brocanteurs
qui se suivaient de porte en porte.

Ah! ils avaient bien choisi leur endroit, ces sordides[1] trafi-
quants de vieilleries, dans cette fantastique[2] ruelle, au-dessus de
ce cours d'eau sinistre, sous ces toits pointus de tuiles et
30 d'ardoises où grinçaient encore les girouettes du passé!

Au fond des noirs magasins, on voyait s'entasser les bahuts[3]
sculptés, les faïences de Rouen, de Nevers, de Moustiers[4], des
statues peintes, d'autres en chêne, des Christ, des vierges, des
saints, des ornements d'église, des chasubles, des chapes, même
35 des vases sacrés et un vieux tabernacle[5] en bois doré d'où Dieu
avait déménagé. Oh! les singulières cavernes en ces hautes maisons, en ces grandes maisons, pleines, des caves aux greniers,
d'objets de toute nature, dont l'existence semblait finie, qui sur-
vivaient à leurs naturels possesseurs, à leur siècle, à leur temps,
40 à leurs modes, pour être achetés, comme curiosités, par les nouvelles générations.

Ma tendresse pour les bibelots se réveillait dans cette cité
d'antiquaires. J'allais de boutique en boutique, traversant, en
deux enjambées, les ponts de quatre planches pourries jetées sur
45 le courant nauséabond de l'Eau de Robec. Miséricorde[6]! Quelle
secousse! Une de mes plus belles armoires m'apparut au bord
d'une voûte encombrée d'objets et qui semblait l'entrée des catacombes[7] d'un cimetière de meubles anciens. Je m'approchai
tremblant de tous mes membres, tremblant tellement que je

---

1. *Sordides* : ignobles, sales.
2. *Fantastique* : qui paraît imaginaire, surnaturelle.
3. *Bahuts* : grands coffres de bois.
4. *Nevers* : ville de Bourgogne. *Moustiers* : ville de Provence. Comme
Rouen, ces localités sont célèbres pour leurs faïences.
5. *Chasubles, chapes* : vêtements portés lors de cérémonies ecclésiastiques.
Tabernacle : meuble d'église où le prêtre conserve les hosties consacrées.
6. *Miséricorde!* : exclamation qui marque la surprise et l'inquiétude.
7. *Catacombes* : cimetières souterrains.

50 n'osais pas la toucher. J'avançais la main, j'hésitais. C'était bien
elle, pourtant : une armoire Louis XIII unique, reconnaissable
par quiconque avait pu la voir une seule fois. Jetant soudain les
yeux un peu plus loin, vers les profondeurs plus sombres de cette
galerie, j'aperçus trois de mes fauteuils couverts de tapisserie au
55 petit point[1], puis, plus loin encore, mes deux tables Henri II[2], si
rares qu'on venait les voir de Paris.

Songez! songez à l'état de mon âme!

Et j'avançai, perclus[3], agonisant d'émotion, mais j'avançai,
car je suis brave, j'avançai comme un chevalier des époques téné-
60 breuses pénétrait en un séjour[4] de sortilèges. Je retrouvais, de pas
en pas, tout ce qui m'avait appartenu, mes lustres, mes livres,
mes tableaux, mes étoffes, mes armes, tout, sauf le bureau plein
de mes lettres, et que je n'aperçus point.

J'allais, descendant à des galeries obscures pour remonter
65 ensuite aux étages supérieurs. J'étais seul.

J'appelais, on ne répondait point. J'étais seul; il n'y avait personne en cette maison vaste et tortueuse comme un labyrinthe.

La nuit vint, et je dus m'asseoir, dans les ténèbres, sur une de
mes chaises, car je ne voulais point m'en aller. De temps en
70 temps je criais : «Holà! holà! quelqu'un!» J'étais là, certes,
depuis plus d'une heure quand j'entendis des pas, des pas légers,
lents, je ne sais où.

Je faillis me sauver; mais me raidissant, j'appelai de nouveau,
et j'aperçus une lueur dans la chambre voisine.

75 «Qui est là?» dit une voix.

Je répondis :

«Un acheteur.» On répliqua :

---

1. *Petit point* : technique de tissage.
2. Les styles Henri II et Louis XIII correspondent à des goûts d'ameublement
en vogue sous ces rois de France, respectivement du XVIe et du XVIIe siècle.
3. *Perclus* : presque paralysé.
4. *Séjour* : lieu.

«Il est bien tard pour entrer ainsi dans les boutiques.» Je repris :

80 «Je vous attends depuis plus d'une heure.

– Vous pouviez revenir demain.

– Demain, j'aurai quitté Rouen.» Je n'osais point avancer, et il ne venait pas. Je voyais toujours la lueur de sa lumière éclairant une tapisserie où deux anges volaient au-dessus des morts d'un
85 champ de bataille. Elle m'appartenait aussi. Je dis :

«Eh bien! Venez-vous?» Il répondit :

«Je vous attends.» Je me levai et j'allai vers lui.

Au milieu d'une grande pièce était un tout petit homme, tout petit et très gros, gros comme un phénomène, un hideux
90 phénomène.

Il avait une barbe rare, aux poils inégaux, clairsemés et jaunâtres, et pas un cheveu sur la tête! Pas un cheveu? Comme il tenait sa bougie élevée à bout de bras pour m'apercevoir, son crâne m'apparut comme une petite lune dans cette vaste
95 chambre encombrée de vieux meubles. La figure était ridée et bouffie, les yeux imperceptibles.

Je marchandai trois chaises qui étaient à moi, et les payai sur-le-champ une grosse somme, en donnant simplement le numéro de mon appartement à l'hôtel.

100 Elles devaient être livrées le lendemain avant neuf heures.

Puis je sortis. Il me reconduisit jusqu'à sa porte avec beaucoup de politesse.

Je me rendis ensuite chez le commissaire central de la police à qui je racontai le vol de mon mobilier et la découverte que je
105 venais de faire.

Il demanda séance tenante des renseignements par télégraphe au parquet[1] qui avait instruit l'affaire[2] de ce vol, en me

---

1. *Au parquet* : aux magistrats du ministère public.
2. *Avait instruit l'affaire* : avait réuni les éléments indispensables pour que l'affaire pût être jugée.

priant d'attendre la réponse. Une heure plus tard, elle lui parvint, tout à fait satisfaisante pour moi.

110 «Je vais faire arrêter cet homme et l'interroger tout de suite, me dit-il, car il pourrait avoir conçu quelque soupçon et faire disparaître ce qui vous appartient. Voulez-vous aller dîner et revenir dans deux heures, je l'aurai ici et je lui ferai subir un nouvel interrogatoire devant vous.

115 — Très volontiers, monsieur. Je vous remercie de tout mon cœur.» J'allai dîner à mon hôtel, et je mangeai mieux que je n'aurais cru. J'étais assez content tout de même. On le tenait.

Deux heures plus tard, je retournai chez le fonctionnaire de la police qui m'attendait.

120 «Eh bien! Monsieur, me dit-il en m'apercevant. On n'a pas trouvé votre homme. Mes agents n'ont pu mettre la main dessus.

— Ah!» Je me sentis défaillir[1].

«Mais… Vous avez bien trouvé sa maison? demandai-je.

— Parfaitement. Elle va même être surveillée et gardée jusqu'à 125 son retour. Quant à lui, disparu.

— Disparu?

— Disparu. Il passe ordinairement ses soirées chez sa voisine, une brocanteuse aussi, une drôle de sorcière, la veuve Bidoin. Elle ne l'a pas vu ce soir et ne peut donner sur lui aucun rensei-130 gnement. Il faut attendre demain.» Je m'en allai. Ah! que les rues de Rouen me semblèrent sinistres, troublantes, hantées.

Je dormis si mal, avec des cauchemars à chaque bout de sommeil.

Comme je ne voulais pas paraître trop inquiet ou pressé, 135 j'attendis dix heures, le lendemain, pour me rendre à la police.

Le marchand n'avait pas reparu. Son magasin demeurait fermé.

Le commissaire me dit :

---

1. _Défaillir_ : perdre connaissance.

«J'ai fait toutes les démarches nécessaires. Le parquet est au 140 courant de la chose; nous allons aller ensemble à cette boutique et la faire ouvrir, vous m'indiquerez tout ce qui est à vous.» Un coupé[1] nous emporta. Des agents stationnaient, avec un serrurier, devant la porte de la boutique, qui fut ouverte.

Je n'aperçus, en entrant, ni mon armoire, ni mes fauteuils, ni 145 mes tables, ni rien, rien, de ce qui avait meublé ma maison, mais rien, alors que la veille au soir je ne pouvais faire un pas sans rencontrer un de mes objets.

Le commissaire central, surpris, me regarda d'abord avec méfiance.

150 «Mon Dieu, monsieur, lui dis-je, la disparition de ces meubles coïncide étrangement avec celle du marchand.» Il sourit :

«C'est vrai! Vous avez eu tort d'acheter et de payer des bibelots à vous, hier. Cela lui a donné l'éveil.» Je repris :

155 «Ce qui me paraît incompréhensible, c'est que toutes les places occupées par mes meubles sont maintenant remplies par d'autres.

– Oh! répondit le commissaire, il a eu toute la nuit, et des complices sans doute. Cette maison doit communiquer avec les 160 voisines. Ne craignez rien, monsieur, je vais m'occuper très activement de cette affaire. Le brigand ne nous échappera pas longtemps puisque nous gardons la tanière[2].»

Ah! mon cœur, mon cœur, mon pauvre cœur, comme il battait!

165 Je demeurai quinze jours à Rouen. L'homme ne revint pas. Parbleu! parbleu! Cet homme-là, qui est-ce qui aurait pu l'embarrasser ou le surprendre?

---

1. *Coupé* : voiture fermée, tirée par des chevaux, à deux places et quatre roues.
2. *Tanière* : terrier, cachette.

Or, le seizième jour, au matin, je reçus de mon jardinier, gardien de ma maison pillée et demeurée vide, l'étrange lettre que voici :

«Monsieur,

«J'ai l'honneur d'informer monsieur qu'il s'est passé, la nuit dernière, quelque chose que personne ne comprend, et la police pas plus que nous. Tous les meubles sont revenus, tous sans exception, tous, jusqu'aux plus petits objets. La maison est maintenant toute pareille à ce qu'elle était la veille du vol.

«C'est à en perdre la tête. Cela s'est fait dans la nuit de vendredi à samedi. Les chemins sont défoncés comme si on avait traîné tout de la barrière à la porte.

«Il en était ainsi le jour de la disparition.

«Nous attendons monsieur, dont je suis le très humble serviteur

RAUDIN, Philippe.»

Ah! mais non, ah! mais non, ah! mais non. Je n'y retournerai pas!

Je portai la lettre au commissaire de Rouen.

«C'est une restitution très adroite, dit-il. Faisons les morts. Nous pincerons l'homme un de ces jours.»

Mais on ne l'a pas pincé. Non. Ils ne l'ont pas pincé, et j'ai peur de lui, maintenant, comme si c'était une bête féroce lâchée derrière moi.

Introuvable! il est introuvable, ce monstre à crâne de lune! on ne le prendra jamais. Il ne reviendra point chez lui. Que lui importe à lui. Il n'y a que moi qui peux le rencontrer, et je ne veux pas.

Je ne veux pas! je ne veux pas! je ne veux pas!

Et s'il revient, s'il rentre dans sa boutique, qui pourra prouver que mes meubles étaient chez lui? Il n'y a contre lui que mon témoignage; et je sens bien qu'il devient suspect.

Ah! mais non! cette existence n'était plus possible.

Et je ne pouvais pas garder le secret de ce que j'ai vu.

Je ne pouvais pas continuer à vivre comme tout le monde avec la crainte que des choses pareilles recommençassent.

Je suis venu trouver le médecin qui dirige cette maison de
205 santé, et je lui ai tout raconté.

Après m'avoir interrogé longtemps, il m'a dit :

«Consentiriez-vous, monsieur, à rester quelque temps ici?

– Très volontiers, monsieur.

– Vous avez de la fortune?

210 – Oui, monsieur.

– Voulez-vous un pavillon[1] isolé?

– Oui, monsieur.

– Voudrez-vous recevoir des amis?

– Non, monsieur, non, personne. L'homme de Rouen pour-
215 rait oser, par vengeance, me poursuivre ici.»

Et je suis seul, tout seul, depuis trois mois. Je suis tranquille à peu près. Je n'ai qu'une peur... Si l'antiquaire devenait fou... et si on l'amenait en cet asile...

Les prisons elles-mêmes ne sont pas sûres.

---

1. *Pavillon* : ici, petit bâtiment où se situe la chambre du patient.

DOSSIER

Questionnaire de lecture

Le contexte

1. Établissez de mémoire une rapide chronologie du parcours de Guy de Maupassant. Mettez en évidence les liens que l'auteur entretient avec le genre fantastique. Vous y ferez figurer au moins cinq dates.

2. Quel grand écrivain fut le mentor littéraire de Maupassant?

«Le Horla»

1. Près de quelle ville et de quel cours d'eau le narrateur habite-t-il?

2. Après ses premières crises, quel voyage le narrateur fait-il? Quelle personne rencontre-t-il pendant ce séjour, et quelles réflexions sur le monde invisible lui expose-t-elle?

3. Quels liquides disparaissent dans la chambre du narrateur pendant la nuit? Expliquez le stratagème que le narrateur utilise pour savoir si c'est lui ou une autre créature qui les consomme. Soyez le plus précis possible dans vos réponses.

4. Décrivez en détail l'expérience faite par le docteur Parent pour prouver que l'hypnotisme et la suggestion existent.

5. À quel phénomène le narrateur assiste-t-il dans l'allée de fleurs de son jardin? Racontez l'épisode le plus précisément possible.

6. Peu avant la fin du récit, le narrateur apprend un événement qui s'est produit dans un autre pays et qui expliquerait l'arrivée du Horla : lequel? Selon le narrateur, comment le Horla aurait-il réussi à venir dans sa maison?

7. Quelle décision le narrateur finit-il par prendre, à la fin de la nouvelle? Cette idée est-elle sensée, selon vous? Ce plan atteint-il son but?

Les autres nouvelles du recueil

1. Dans quelle autre nouvelle retrouve-t-on le motif du double ?
2. Quelles sont les différentes scènes d'hypnose qui figurent dans l'ensemble des textes du recueil ?
3. Dans quel(s) récit(s) aucun des personnages ne semble-t-il être fou ?

Parcours de lecture
sur « Le Horla »

Parcours de lecture n° 1 :
présentation du cadre, 8 mai

Relisez le texte du début du « Horla », de « *8 mai*. – Quelle journée admirable ! » à « tant ce navire me fit plaisir à voir » (p. 39-40), puis répondez aux questions suivantes en vous appuyant sur le texte.

Le début décisif d'un récit

1. Quelle est la situation d'énonciation (énonciateur, destinataire, moment, lieu et sujet de l'énonciation) ? Argumentez en citant le texte.
2. Quel effet la forme du journal intime produit-elle sur la façon dont le récit va se dérouler ? Selon vous, quels sont les avantages et les inconvénients de cette présentation ?
3. Après avoir lu ces premières lignes, pensez-vous que le texte est un récit à prendre au sérieux ou une parfaite fantaisie ? Argumentez votre réponse.

La relation entre le narrateur et le cadre spatio-temporel

1. Donnez la définition de «cadre spatio-temporel». Décrivez brièvement celui du texte. Relisez le paragraphe à partir de «Vers onze heures» (p. 40) et faites un schéma du lieu décrit.

2. Comment le narrateur se sent-il dans cet environnement? Justifiez votre réponse en vous appuyant sur la syntaxe, le rythme, l'emploi des pronoms, des adjectifs possessifs et de la ponctuation.

3. En vous rappelant la suite du «Horla», pouvez-vous dire quels éléments de cet *incipit* seront importants dans le développement du récit? Citez précisément le texte.

Parcours de lecture n° 2 : premières crises

Relisez le texte de «*16 mai.* – Je suis malade, décidément!» à «je dors enfin, avec calme, jusqu'à l'aurore» (p. 41-43), puis répondez aux questions suivantes en vous appuyant sur le texte.

Les symptômes de la folie

1. Relevez le champ lexical de la maladie et celui des émotions. Comment le narrateur mêle-t-il troubles physiques et psychologiques dans la description de son malaise?

2. Quelle sensation domine chez le narrateur?

3. Quelle(s) interprétation(s) donnez-vous au cauchemar qui vient hanter le narrateur? Argumentez soigneusement votre réponse.

L'introduction du bizarre

1. Comment l'idée de bizarre, d'étrangeté, est-elle introduite dans le texte? Montrez comment la maladie du narrateur permet d'instiller le doute.

2. Le narrateur éprouve-t-il une hésitation ou comprend-il clairement la situation? Quel effet cette attitude a-t-elle sur la suite des événements? Argumentez.

3. Qu'en déduisez-vous sur le type de texte auquel appartient la nouvelle? Mettez en relation l'extrait présent et l'ensemble du «Horla».

Parcours de lecture n° 3 : piéger le Horla, rationalisme contre surnaturel

Relisez le texte de «*10 juillet*. – Je viens de faire des épreuves surprenantes» à «Ah! mon Dieu!» (p. 48), puis répondez aux questions suivantes en vous appuyant sur le texte.

Un stratagème bien établi

1. Le narrateur n'a rien écrit dans son journal entre le 6 et le 10 juillet. Pourquoi, à votre avis? Argumentez en citant le texte.
2. Décrivez le plus précisément possible le stratagème du narrateur pour obliger l'être invisible à laisser des traces de sa présence. Comment le déroulement des événements est-il raconté? À quel type de texte, autre que le conte fantastique, ce passage vous fait-il penser?
3. Le plan du narrateur vous semble-t-il sans faille? Pourquoi? Auriez-vous eu une autre idée? Si oui, laquelle?

La troublante preuve rationnelle de l'irrationnel

1. Comment le choc entre le rationnel et l'irrationnel est-il exprimé à la fin du texte? Citez et commentez le texte (ponctuation, pronoms personnels, etc.).
2. Quel rapport est établi entre la créature invisible et le narrateur? Lequel cherche à connaître l'autre? Pourquoi le fait-il?
3. Relisez la partie de la présentation intitulée «Le XIXᵉ siècle, ère du rationnel?» (p. 15-21). Quel rapport établissez-vous entre le contexte scientifique et intellectuel de la fin du XIXᵉ siècle et le comportement du narrateur dans ce passage?

Parcours de lecture n° 4 : nommer le Horla, la dramatisation du texte

Relisez le texte de « *19 août*. – Je sais... » à « c'est lui... le Horla... il est venu !... » (p. 64-65), puis répondez aux questions suivantes en vous appuyant sur le texte.

L'aboutissement du récit

1. Identifiez tous les épisodes précédents auxquels ce texte fait référence. Sont-ils racontés de façon organisée et cohérente ? Faites un schéma récapitulant ces événements de manière logique.

2. Analysez la progression du récit. En quoi la tension est-elle croissante ? Comment le narrateur parvient-il à ce résultat ?

Le surnaturel rationalisé

1. Comment le narrateur parvient-il à donner à son discours les apparences d'un raisonnement solide et incisif ? L'est-il vraiment ? Citez et analysez le texte.

Le Horla au cœur du texte

1. Qu'est-ce qui pousse le narrateur à nommer le Horla ? Semble-t-il le faire seul ? Quelle importance revêt le fait de prononcer ce nom ?

2. Quel rapport le narrateur entretient-il désormais avec le Horla ? En quoi peut-on dire que le Horla est un double du narrateur ? Expliquez votre réponse le plus précisément possible.

Parcours de lecture n° 5 : la scène du miroir

Relisez le texte de « *19 août*. – Je le tuerai » à « qui me fait encore frissonner » (p. 67-68), puis répondez aux questions suivantes en vous appuyant sur le texte.

Une scène orchestrée

1. Décrivez le plan prévu par le narrateur. La scène se déroule-t-elle exactement comme elle était envisagée ? Si non, quelles sont les différences ?

2. Faites un schéma du lieu, en mentionnant les principales étapes de l'action.

3. Quel(s) sens est (sont) explicitement sollicité(s) ici ?

Un face-à-face sous le signe du double

1. Que fait le narrateur au tout début du passage ? Cette scène vous rappelle-t-elle un épisode précédent ?

2. Comment la figure du double se manifeste-t-elle ici ? Le narrateur peut-il affirmer à juste titre qu'il a vu le Horla ? Pourquoi ?

3. En quoi le caractère fantastique de la scène est-il particulièrement manifeste ? Précisez quelles caractéristiques du genre interviennent dans ce passage.

Travaux d'écriture

1. Imaginez que le Horla s'adresse au narrateur après la scène finale de la nouvelle. Votre devoir se présentera sous la forme d'un dialogue au style direct, rapporté par le narrateur dans la suite de son journal. Vous tiendrez compte de toutes les contraintes formelles qu'impliquent la forme du journal intime et celle du dialogue.

2. D'après vous, le narrateur est-il fou ou, au contraire, extrêmement lucide et sensible ? Vous prendrez position en argumentant votre réponse et en vous appuyant sur le texte de Maupassant.

Groupement de textes n° 1 : la genèse du «Horla»

L'écriture du «Horla» est un processus en plusieurs étapes. La version que nous en connaissons, où un narrateur expose dans son journal intime ses soupçons sur l'existence du Horla, ne voit le jour qu'après deux autres nouvelles : «Lettre d'un fou» et «Le Horla» (première version). Si les trois récits sont formellement très différents, l'intrigue de base reste la même : un homme, peut-être fou, se prétend hanté par un être invisible. De plus, chacun de ces textes accorde une place importante à la scène du miroir (voir p. 132), qui semble résumer à elle seule toute l'angoisse du narrateur.

«Lettre d'un fou», 1885

La «Lettre d'un fou» prend la forme d'un courrier adressé à un médecin. Elle est signée «Maufrigneuse», l'un des noms de plume de Maupassant, et présentée comme un document réel que l'écrivain n'aurait fait que recopier. Après des considérations théoriques sur l'Invisible et les forces qui nous entourent, l'auteur de la lettre évoque rapidement les sensations étranges qu'il éprouve, jusqu'à la scène du miroir.

> Or, un soir, j'ai entendu craquer mon parquet derrière moi. Il a craqué d'une façon singulière. J'ai frémi. Je me suis tourné. Je n'ai rien vu. Et je n'y ai plus songé.
> Mais le lendemain, à la même heure, le même bruit s'est produit. J'ai eu tellement peur que je me suis levé, sûr, sûr, sûr, que je n'étais pas seul dans ma chambre. On ne voyait rien pourtant. L'air était limpide[1], transparent partout. Mes deux lampes éclairaient tous les coins.

---

1. *Limpide* : clair, pur.

Le bruit ne recommença pas et je me calmai peu à peu; je restais inquiet cependant, je me retournais souvent.

Le lendemain, je m'enfermai de bonne heure, cherchant comment je pourrais parvenir à voir l'Invisible qui me visitait.

Et je l'ai vu. J'en ai failli mourir de terreur.

J'avais allumé toutes les bougies de ma cheminée et de mon lustre. La pièce était éclairée comme pour une fête. Mes deux lampes brûlaient sur ma table.

En face de moi, mon lit, un vieux lit de chêne à colonnes. À droite, ma cheminée. À gauche, ma porte que j'avais fermée au verrou. Derrière moi, une très grande armoire à glace. Je me regardai dedans. J'avais des yeux étranges et les pupilles très dilatées[1].

Puis je m'assis comme tous les jours.

Le bruit s'était produit, la veille et l'avant-veille, à neuf heures vingt-deux minutes. J'attendis. Quand arriva le moment précis, je perçus une indescriptible sensation, comme si un fluide, un fluide irrésistible eût pénétré en moi par toutes les parcelles[2] de ma chair, noyant mon âme dans une épouvante atroce et bonne. Et le craquement se fit, tout contre moi.

Je me dressai en me tournant si vite que je faillis tomber. On y voyait comme en plein jour, et je ne me vis pas dans la glace! Elle était vide, claire, pleine de lumière. Je n'étais pas dedans, et j'étais en face, cependant. Je la regardais avec des yeux affolés. Je n'osais pas aller vers elle, sentant bien qu'il était entre nous, lui, l'Invisible, et qu'il me cachait.

Oh! comme j'eus peur! Et voilà que je commençai à m'apercevoir dans une brume au fond du miroir, dans une brume comme à travers de l'eau; et il me semblait que cette eau glissait de gauche à droite, lentement, me rendant plus précis de seconde en seconde. C'était comme la fin d'une éclipse. Ce qui me cachait n'avait pas de contours, mais une sorte de transparence opaque[3] s'éclaircissant peu à peu.

---

1. Dilatées : qui ont augmenté de volume.
2. Parcelles : petites parties.
3. Opaque : qui ne laisse pas passer la lumière; contraire de «transparent».

Et je pus enfin me distinguer nettement, ainsi que je le fais tous les jours en me regardant.

Je l'avais donc vu !

Et je ne l'ai pas revu.

Mais je l'attends sans cesse, et je sens que ma tête s'égare[1] dans cette attente.

Je reste pendant des heures, des nuits, des jours, des semaines, devant ma glace, pour l'attendre ! Il ne vient plus.

Il a compris que je l'avais vu. Mais moi je sens que je l'attendrai toujours, jusqu'à la mort, que je l'attendrai sans repos, devant cette glace, comme un chasseur à l'affût[2].

Et, dans cette glace, je commence à voir des images folles, des monstres, des cadavres hideux, toutes sortes de bêtes effroyables, d'êtres atroces, toutes les visions invraisemblables qui doivent hanter l'esprit des fous.

Voilà ma confession, mon cher docteur. Dites-moi ce que je dois faire ?

Pour copie[3] :
MAUFRIGNEUSE.

Maupassant, «Lettre d'un fou», *Le Horla et autres contes d'angoisse*, éd. A. Fonyi, GF-Flammarion, 1984, p. 42-43.

Questions

1. Comparez le texte avec le passage correspondant dans «Le Horla», p. 68. Quelle évolution remarquez-vous ?

2. Étudiez l'emploi des temps dans cet extrait. Que ressent le lecteur devant le retour au présent, à la fin du texte ?

3. Quel effet produit la présentation de cet écrit sous forme de lettre à un médecin ? Cela vous plaît-il plus, moins ou autant que la version de 1887 ? Justifiez votre réponse.

---

1. *S'égare* : se perd.
2. *À l'affût* : qui guette.
3. *Pour copie* : formule qui indique qu'un texte recopié est conforme à l'original. Maupassant fait semblant de présenter une lettre réelle.

«Le Horla», première version, 1886

Cette version du «Horla» présente un récit enchâssé. Lors d'une rencontre entre savants dans l'institut psychiatrique du docteur Marrande, ce dernier présente à ses collègues l'un de ses patients, qui raconte alors son histoire. Celle-ci correspond à la trame de la seconde version du «Horla». On retrouve dans les deux textes un décor similaire et des épisodes identiques : la scène où le narrateur voit une rose coupée par une main invisible, ou encore l'enquête qu'il mène pour savoir qui boit l'eau et le lait dans sa chambre, pendant la nuit (voir p. 57-58 et 47-48).

Ayant soif un soir, je bus un demi-verre d'eau et je remarquai que ma carafe, posée sur la commode[1] en face de mon lit, était pleine jusqu'au bouchon de cristal.

J'eus, pendant la nuit, un de ces réveils affreux dont je viens de vous parler. J'allumai ma bougie, en proie à[2] une épouvantable angoisse, et, comme je voulus boire de nouveau, je m'aperçus avec stupeur que ma carafe était vide. Je n'en pouvais croire mes yeux. Ou bien on était entré dans ma chambre, ou bien j'étais somnambule.

Le soir suivant, je voulus faire la même épreuve. Je fermai donc ma porte à clef pour être certain que personne ne pourrait pénétrer chez moi. Je m'endormis et je me réveillai comme chaque nuit. *On* avait bu toute l'eau que j'avais vue deux heures plus tôt.

Qui avait bu cette eau ? Moi, sans doute, et pourtant je me croyais sûr, absolument sûr, de n'avoir pas fait un mouvement dans mon sommeil profond et douloureux.

Alors j'eus recours à des ruses pour me convaincre que je n'accomplissais point ces actes inconscients. Je plaçai un soir, à côté de la carafe, une bouteille de vieux bordeaux, une tasse de lait dont j'ai horreur, et des gâteaux au chocolat que j'adore.

Le vin et les gâteaux demeurèrent intacts. Le lait et l'eau disparurent. Alors, chaque jour, je changeai les boissons et les nourri-

---

1. *Commode* : large meuble, assez bas, servant à ranger le linge.
2. *En proie à* : assailli par.

tures. Jamais *on* ne toucha aux choses solides, compactes, et *on* ne but, en fait de liquide, que du laitage frais et de l'eau surtout.

Mais ce doute poignant[1] restait dans mon âme. N'était-ce pas moi qui me levais sans en avoir conscience, et qui buvais même les choses détestées, car mes sens engourdis par le sommeil somnambulique pouvaient être modifiés, avoir perdu leurs répugnances[2] ordinaires et acquis des goûts différents.

Je me servis alors d'une ruse nouvelle contre moi-même. J'enveloppai tous les objets auxquels il fallait infailliblement toucher avec des bandelettes de mousseline blanche et je les recouvris encore avec une serviette de batiste.

Puis, au moment de me mettre au lit, je me barbouillai les mains, les lèvres et la moustache avec de la mine de plomb.

À mon réveil, tous les objets étaient demeurés immaculés bien qu'on y eût touché, car la serviette n'était point posée comme je l'avais mise ; et, de plus, on avait bu de l'eau, et du lait. Or ma porte fermée avec une clef de sûreté et mes volets cadenassés par prudence, n'avaient pu laisser pénétrer personne.

Alors, je me posai cette redoutable question. Qui donc était là, toutes les nuits, près de moi ?

Je sens, messieurs, que je vous raconte cela trop vite. Vous souriez, votre opinion est déjà faite : «C'est un fou.» J'aurais dû vous décrire longuement cette émotion d'un homme qui, enfermé chez lui, l'esprit sain, regarde, à travers le verre d'une carafe, un peu d'eau disparue pendant qu'il a dormi. J'aurais dû vous faire comprendre cette torture renouvelée chaque soir et chaque matin, et cet invincible sommeil, et ces réveils plus épouvantables encore.

Dans les dernières lignes de la nouvelle, le narrateur tente de voir l'être qui le hante : le texte s'achève alors sur la même scène du miroir que la «Lettre d'un fou».

---

1. *Poignant* : suscitant une vive souffrance morale.
2. *Répugnances* : répulsions, dégoûts.

Attendez. L'Être! Comment le nommerai-je? L'Invisible. Non, cela ne suffit pas. Je l'ai baptisé le Horla. Pourquoi? Je ne sais point. Donc le Horla ne me quittait plus guère. J'avais jour et nuit la sensation, la certitude de la présence de cet insaisissable voisin, et la certitude aussi qu'il prenait ma vie, heure par heure, minute par minute.

L'impossibilité de le voir m'exaspérait[1] et j'allumais toutes les lumières de mon appartement, comme si j'eusse pu, dans cette clarté, le découvrir.

Je le vis, enfin.

Vous ne me croyez pas. Je l'ai vu cependant.

J'étais assis devant un livre quelconque, ne lisant pas, mais guettant, avec tous mes organes surexcités, guettant celui que je sentais près de moi. Certes, il était là. Mais où? Que faisait-il? Comment l'atteindre?

En face de moi mon lit, un vieux lit de chêne à colonnes. À droite ma cheminée. À gauche ma porte que j'avais fermée avec soin. Derrière moi une très grande armoire à glace, qui me servait chaque jour pour me raser, pour m'habiller, où j'avais coutume de me regarder de la tête aux pieds chaque fois que je passais devant.

Donc je faisais semblant de lire; pour le tromper, car il m'épiait[2] lui aussi; et soudain je sentis, je fus certain qu'il lisait par-dessus mon épaule, qu'il était là, frôlant mon oreille.

Je me dressai, en me tournant si vite que je faillis tomber. Eh bien... on y voyait comme en plein jour... et je ne me vis pas dans ma glace! Elle était vide, claire, pleine de lumière. Mon image n'était pas dedans... Et j'étais en face... Je voyais le grand verre limpide, du haut en bas! Et je regardais cela avec des yeux affolés, et je n'osais plus avancer, sentant bien qu'il se trouvait entre nous, lui, et qu'il m'échapperait encore, mais que son corps imperceptible avait absorbé mon reflet.

Comme j'eus peur! Puis voilà que tout à coup je commençai à m'apercevoir dans une brume, au fond du miroir, dans une brume,

---

1. *M'exaspérait* : m'irritait énormément.
2. *M'épiait* : m'espionnait, me surveillait à mon insu.

comme à travers une nappe d'eau ; et il me semblait que cette eau glissait de gauche à droite, lentement, rendant plus précise mon image de seconde en seconde. C'était comme la fin d'une éclipse. Ce qui me cachait ne paraissait point posséder de contours nettement arrêtés, mais une sorte de transparence opaque s'éclaircissant peu à peu.

Je pus enfin me distinguer complètement ainsi que je fais chaque jour en me regardant.

Je l'avais vu. L'épouvante m'en est restée, qui me fait encore frissonner.

Le lendemain j'étais ici, où je priai qu'on me gardât.

Maupassant, «Le Horla» [première version],
Le Horla et autres contes d'angoisse, éd. A. Fonyi,
GF-Flammarion, 1984, p. 47-49 et 51-52.

Questions

1. Comparez la première scène du «Horla», première version (de «ayant soif» à «plus épouvantables encore»), avec le passage correspondant dans «Le Horla», deuxième version (p. 47-48). Quelles modifications Maupassant a-t-il apportées en 1887, et dans quel but ?

2. Comparez les trois scènes du miroir. Quels en sont les points communs ? Quelles en sont les différences ? À votre avis, pourquoi retrouve-t-on cette scène dans toutes les versions ?

3. Quels éléments rendent le journal de la seconde version du «Horla» plus prenant que le récit du patient du docteur Marrande dans la première version ? Existe-t-il une autre forme d'art capable de plonger le lecteur dans l'action, comme le journal intime ? Si oui, laquelle et comment ?

Groupement de textes n° 2 : textes théoriques sur le fantastique

Si le conte fantastique connaît le succès en France dès les années 1830, ce n'est qu'à la fin du xixe siècle et au xxe siècle que les critiques ont tenté de le définir. Les écrivains, comme Maupassant lui-même, ou l'auteur de science-fiction Jacques Goimard (1934-2012), proposent des réflexions qui se nourrissent de leur propre pratique littéraire, tandis que des théoriciens tels Tzvetan Todorov (né en 1939) essaient de proposer une définition générale du genre. Outre la présence du surnaturel, ces différentes théories mettent l'accent sur le lien particulier que le texte fantastique entretient avec le lecteur.

Maupassant, «Le fantastique», *Le Gaulois*, 1883

Outre ses contes et ses romans, Guy de Maupassant travaille également comme chroniqueur dans plusieurs journaux, dont *Le Gaulois*. Le 7 octobre 1883, deux ans avant la «Lettre d'un fou», il y fait paraître un article qui met en lumière l'évolution de la littérature fantastique. Il rapproche les transformations du genre et le rapport qu'entretiennent les individus à l'étrange et au surnaturel, bouleversé par le développement des sciences.

Lentement, depuis vingt ans, le surnaturel est sorti de nos âmes. Il s'est évaporé comme s'évapore un parfum quand la bouteille est débouchée. En portant l'orifice[1] aux narines et en aspirant longtemps, longtemps, on retrouve à peine une vague senteur. C'est fini.

---

1. *Orifice* : ouverture.

Nos petits-enfants s'étonneront des croyances naïves de leurs pères à des choses si ridicules et si invraisemblables. Ils ne sauront jamais ce qu'était autrefois, la nuit, la peur du mystérieux, la peur du surnaturel. C'est à peine si quelques centaines d'hommes s'acharnent encore à croire aux visites des esprits, aux influences de certains êtres ou de certaines choses, au somnambulisme lucide[1], à tout le charlatanisme[2] des spirites[3]. C'est fini.

Notre pauvre esprit inquiet, impuissant, borné, effaré[4] par tout effet dont il ne saisissait pas la cause, épouvanté par le spectacle incessant et incompréhensible du monde a tremblé pendant des siècles sous des croyances étranges et enfantines qui lui servaient à expliquer l'inconnu. Aujourd'hui, il devine qu'il s'est trompé, et il cherche à comprendre, sans savoir encore. Le premier pas, le grand pas est fait. Nous avons rejeté le mystérieux qui n'est plus pour nous que l'inexploré.

Dans vingt ans, la peur de l'irréel n'existera plus même dans le peuple des champs. Il semble que la Création ait pris un autre aspect, une autre figure, une autre signification qu'autrefois. De là va certainement résulter la fin de la littérature fantastique.

Elle a eu, cette littérature, des périodes et des allures bien diverses, depuis le roman de chevalerie, les *Mille et Une Nuits*, les poèmes héroïques, jusqu'aux contes de fées et aux troublantes histoires d'Hoffmann et d'Edgar Poe[5].

---

1. *Somnambulisme lucide* : état de somnambulisme, c'est-à-dire d'activité pendant le sommeil, où l'individu a des facultés mentales plus développées que lorsqu'il est éveillé.
2. *Charlatanisme* : art d'exploiter la crédulité d'autrui pour s'enrichir ou s'imposer.
3. *Spirites* : adeptes du spiritisme, science occulte qui provoque la manifestation des esprits par l'intermédiaire d'un médium.
4. *Effaré* : hagard.
5. *Les Mille et Une Nuits* : recueil de contes arabes. *Poèmes héroïques* : épopées, comme *L'Iliade* et *L'Odyssée* de l'auteur grec Homère (VIIIe siècle av. J.-C.). *Ernst Theodor Amadeus Hoffmann* (1776-1822) : écrivain allemand, auteur des célèbres *Contes fantastiques*. *Edgar Allan Poe* (1809-1849) : écrivain américain, auteur de nombreuses nouvelles fantastiques traduites en français par Baudelaire, dans les recueils *Histoires extraordinaires* et *Nouvelles Histoires extraordinaires*. On voit que Maupassant classe dans

Quand l'homme croyait sans hésitation, les écrivains fantastiques ne prenaient point de précautions pour dérouler leurs surprenantes histoires. Ils entraient, du premier coup, dans l'impossible et y demeuraient, variant à l'infini les combinaisons invraisemblables, les apparitions, toutes les ruses effrayantes pour enfanter l'épouvante.

Mais, quand le doute eut pénétré enfin dans les esprits, l'art est devenu plus subtil. L'écrivain a cherché les nuances, a rôdé autour du surnaturel plutôt que d'y pénétrer. Il a trouvé des effets terribles en demeurant sur la limite du possible, en jetant les âmes dans l'hésitation, dans l'effarement. Le lecteur indécis ne savait plus, perdait pied comme en une eau dont le fond manque à tout instant, se raccrochait brusquement au réel pour s'enfoncer encore tout aussitôt, et se débattre de nouveau dans une confusion pénible et enfiévrante[1] comme un cauchemar.

L'extraordinaire puissance terrifiante d'Hoffmann et d'Edgar Poe vient de cette habileté savante, de cette façon particulière de coudoyer[2] le fantastique et de troubler, avec des faits naturels où reste pourtant quelque chose d'inexpliqué et de presque impossible.

Maupassant, «Le fantastique», *Le Gaulois*, 7 octobre 1883.

Questions

1. Quelle transformation dans le rapport des individus au surnaturel Maupassant met-il en évidence ? Êtes-vous d'accord avec son point de vue ?

2. Comment les écrivains ont-ils réagi face à ce bouleversement ? D'après vous, cela est-il efficace ? Pourquoi ?

3. Selon vous, quelle position Maupassant prend-il face à ce changement : regrette-t-il le passé ou se félicite-t-il de cette évolution ?

4. Situez «Le Horla» par rapport à ces différentes approches du surnaturel.

---

le genre fantastique tous les textes contenant des éléments surnaturels, sans distinction.
1. Enfiévrante : qui met dans un état d'intense agitation psychique.
2. Coudoyer : frôler, toucher du bout du coude.

Jacques Goimard, préface à *La Grande Anthologie du fantastique*, 1977

Auteur de nouvelles de science-fiction et de *fantasy*, Jacques Goimard est connu pour avoir élaboré des anthologies sur les genres littéraires qui entretiennent un rapport avec le surnaturel. *La Grande Anthologie du fantastique*, qu'il compose avec Roland Stragliati (1909-1999), donne à voir une large palette de textes fantastiques ainsi que l'évolution de ce genre littéraire. Dans un récit fantastique, lecteur et auteur sont liés par une structure qui revient dans la plupart des textes, quels que soient leur époque et leur auteur.

La recette est toujours la même ou presque. Dans un premier temps, le pêcheur – c'est-à-dire l'auteur – lance sa ligne dans la rivière après l'avoir appâtée. L'appât, ce sont quelques dizaines de pages situées dans la banalité quotidienne et conformes à l'esthétique réaliste la plus orthodoxe[1], pour endormir la méfiance du lecteur avec une pincée d'étrange de temps en temps créant une inquiétude, un décalage à peine appuyé, comme si des lézardes[2] se creusaient entre les phrases, comme si l'essentiel du texte était dans le non-dit, comme si l'hameçon pointait sous l'appât.

Deuxième temps : le poisson a mordu, il faut le ferrer[3]. Nos doutes sont cristallisés[4] par un coup de théâtre où intervient un être ou un événement monstrueux, parfaitement étranger au système réaliste instauré précédemment (et déjà rongé de l'intérieur grâce aux précautions prises). Il ne s'agit pas vraiment, comme l'ont dit certains, de nous faire basculer dans un autre univers ; mais pas davantage, comme d'autres l'ont affirmé, de préserver une ambiguïté. Le

---

1. *Orthodoxe* : conforme à un dogme religieux ; par extension : conforme aux règles.
2. *Lézardes* : crevasses profondes.
3. *Le ferrer* : remonter la canne à pêche pour que l'hameçon s'accroche à la bouche du poisson.
4. *Cristallisés* : concrétisés.

véritable problème de l'auteur, à cette étape du récit, c'est de déshabiller sa vision, de parvenir à nous la montrer dans toute sa pureté native, et de nous empêcher de nous poser des questions. L'auteur est nu et désarmé, mais le lecteur ne doit pas être en situation de contre-attaquer. Il doit donc être sous le coup d'une émotion violente, préparée par les failles antérieures du récit. C'est la phase hystérique[1].

Troisième temps : le poisson est ferré, il n'y a plus qu'à rembobiner le moulinet, tendre l'épuisette et s'emparer de la proie. Les croyances du lecteur ont disparu dans la débâcle, le système réaliste est détruit, il ne reste plus qu'à occuper le terrain, à édifier – peut-être – un autre système. C'est le plus difficile et aussi le plus incertain. Le fantastique, selon les époques, a trouvé à ce problème des solutions variées.

Le plus simple était de se référer aux croyances ancestrales, généralement acquises par le lecteur dans son enfance et plus ou moins refoulées ou rejetées par la suite. On mobilise certains personnages folkloriques, trop inquiétants et à ce titre peu fréquents dans les contes de fées littéraires : les fantômes, les démons, les loups-garous, les doubles jouent les rôles principaux du fantastique romantique, né dans une société rurale encore mal dégagée de ses traditions. [...]

De ce fantastique enraciné dans le terroir se dégagea progressivement une littérature plus adaptée à la société urbaine actuelle. D'abord, cette société a engendré ses propres croyances, magnétisme, spiritisme, parapsychologie[2], et nombre d'auteurs, adeptes ou non de ce que les uns appellent des sciences et les autres des pseudosciences, ont traité des thèmes inspirés de la tradition occultiste[3].

---

1. *Phase hystérique* : au sens propre, phase d'un trouble psychique où le malade souffre d'une crise émotionnelle ou même de symptômes physiques. Ici, cette métaphore désigne une crise dans le récit.
2. *Magnétisme* : doctrine qui affirme qu'une sorte de fluide magnétique passe d'un individu à l'autre. *Parapsychologie* : étude des phénomènes psychiques paranormaux, comme la voyance ou la prémonition.
3. *Tradition occultiste* : ensemble des sciences occultes, c'est-à-dire des doctrines et des pratiques faisant intervenir des forces invisibles et qui ne sont reconnues ni par la science ni par la religion (astrologie, pratiques divinatoires, etc.).

Un peu plus tard, l'écrivain a découvert que rien ne l'empêchait d'inventer sa propre mythologie : ce fut l'époque des grandes constructions imaginaires dont la plus célèbre – et la plus achevée – est celle de Lovecraft[1].

Jacques Goimard et Roland Stragliati, *La Grande Anthologie du fantastique*, © Omnibus, 1996.

Questions

1. Quel type de relation l'auteur d'un récit fantastique entretient-il avec ses lecteurs ? Selon vous, correspond-elle à la réalité ?
2. Pour l'auteur d'un récit fantastique, quelle est la phase la plus difficile dans sa relation avec le lecteur ? À quoi a-t-il alors recours ?
3. Comment le fantastique a-t-il évolué au cours du temps ? À quel(s) domaine(s) s'est-il appliqué ?

Tzvetan Todorov, *Introduction à la littérature fantastique*, 1970

Dans son ouvrage *Introduction à la littérature fantastique*, l'essayiste et philosophe Tzvetan Todorov donne l'une des plus fameuses définitions du fantastique. Menant une réflexion poussée sur la notion de fantastique et sur sa pratique littéraire, il explique l'utilité, sinon la nécessité, de raconter un récit fantastique à la première personne du singulier.

Les nouvelles de Maupassant illustrent les différents degrés de confiance que nous accordons aux récits. On peut en distinguer

---

1. *Howard Phillips Lovecraft* (1890-1937) : écrivain américain, connu pour ses récits fantastiques, d'horreur et de science-fiction. Il a notamment écrit «La Couleur tombée du ciel» (1927) et «L'Appel de Cthulhu» (1928).

deux, selon que le narrateur est extérieur à l'histoire ou en est un des agents principaux. Extérieur, il peut ou non authentifier lui-même les dires du personnage, et le premier cas rend le récit plus convaincant, comme dans «Un fou?». Sinon, le lecteur sera tenté d'expliquer le fantastique par la folie, comme dans «La Chevelure» et dans la première version du «Horla»; d'autant que le cadre du récit est chaque fois une maison de santé.

Mais dans ses meilleures nouvelles fantastiques – «Lui?», «La Nuit», «Le Horla», «Qui sait?» –, Maupassant fait du narrateur le héros même de l'histoire (c'est le procédé d'Edgar Poe et de beaucoup d'autres après lui). L'accent est mis alors sur le fait qu'il s'agit du discours d'un personnage plus que d'un discours de l'auteur : la parole est sujette à caution, et nous pouvons bien supposer que tous ces personnages sont des fous; toutefois, du fait qu'ils ne sont pas introduits par un discours distinct du narrateur, nous leur prêtons encore une paradoxale confiance. On ne nous dit pas que le narrateur ment et la possibilité qu'il mente, en quelque sorte structurellement nous choque; mais cette possibilité existe (puisqu'il est aussi personnage), et l'hésitation peut naître chez le lecteur.

Tzvetan Todorov, *Introduction à la littérature fantastique*, © Le Seuil, 1970, rééd. coll. «Points Essais», 1976, p. 90-91.

Questions

1. Quel est l'intérêt d'employer la première personne du singulier?
2. Comment l'hésitation naît-elle chez le lecteur?

Groupement de textes n° 3 : la folie dans la littérature du XIXᵉ siècle

Au XIXᵉ siècle, la description de la folie est un thème de prédilection de nombreux écrivains. Une vision hallucinatoire née de la douleur amoureuse inspire la création poétique chez le poète et dramaturge Alfred de Musset (1810-1857). La folie est au cœur des textes fantastiques de Prosper Mérimée (1803-1870) ou d'Auguste Villiers de L'Isle-Adam (1838-1889), tandis qu'Octave Mirbeau (1848-1917) décrit avec un humour caustique le traitement que les hospices et maisons de santé font subir à leurs patients.

Musset, «La Nuit de décembre», 1835

Après sa rupture avec la romancière George Sand (1804-1876), Alfred de Musset compose un recueil de quatre poèmes, *Les Nuits*, où il exprime toute sa douleur. Dans «La Nuit de décembre» il exploite le thème du double : le poème retrace les principales étapes de sa vie, où le narrateur retrouve toujours son double, qui lui «ressembl[e] comme un frère». Au-delà de son aspect symbolique (le «frère» est une incarnation de la «Solitude»), cette obsession semble refléter un trouble psychologique dû à un choc émotionnel.

> Du temps que j'étais écolier,
> Je restais un soir à veiller
> Dans notre salle solitaire.
> Devant ma table vint s'asseoir

Un pauvre enfant vêtu de noir,
Qui me ressemblait comme un frère.

Son visage était triste et beau :
À la lueur de mon flambeau,
Dans mon livre ouvert il vint lire.
Il pencha son front sur sa main,
Et resta jusqu'au lendemain,
Pensif, avec un doux sourire.

Comme j'allais avoir quinze ans
Je marchais un jour, à pas lents,
Dans un bois, sur une bruyère[1].
Au pied d'un arbre vint s'asseoir
Un jeune homme vêtu de noir,
Qui me ressemblait comme un frère.

Je lui demandai mon chemin ;
Il tenait un luth[2] d'une main,
De l'autre un bouquet d'églantine[3].
Il me fit un salut d'ami,
Et, se détournant à demi,
Me montra du doigt la colline.

À l'âge où l'on croit à l'amour,
J'étais seul dans ma chambre un jour,
Pleurant ma première misère[4].
Au coin de mon feu vint s'asseoir
Un étranger vêtu de noir,
Qui me ressemblait comme un frère.

---

1. Bruyère : arbrisseau à petites fleurs violacées.
2. Luth : ancien instrument de musique à cordes pincées.
3. Églantine : rose sauvage.
4. Misère : ici, malheur.

Il était morne et soucieux ;
D'une main il montrait les cieux,
Et de l'autre il tenait un glaive.
De ma peine il semblait souffrir,
Mais il ne poussa qu'un soupir,
Et s'évanouit comme un rêve.

À l'âge où l'on est libertin[1],
Pour boire un toast en un festin,
Un jour je soulevais mon verre.
En face de moi vint s'asseoir
Un convive vêtu de noir,
Qui me ressemblait comme un frère.

Il secouait sous son manteau
Un haillon de pourpre[2] en lambeau,
Sur sa tête un myrte[3] stérile.
Son bras maigre cherchait le mien,
Et mon verre, en touchant le sien,
Se brisa dans ma main débile[4].

Un an après, il était nuit ;
J'étais à genoux près du lit
Où venait de mourir mon père.
Au chevet du lit vint s'asseoir
Un orphelin vêtu de noir,
Qui me ressemblait comme un frère.

Ses yeux étaient noyés de pleurs ;
Comme les anges de douleurs,

---

1. *Libertin* : débauché.
2. *Pourpre* : couleur du pouvoir dans la Rome antique.
3. *Myrte* : arbre ou arbrisseau à feuilles résistantes. Le myrte est un des symboles de Vénus, déesse de l'amour et de la beauté.
4. *Débile* : ici, affaiblie.

Il était couronné d'épine ;
Son luth à terre était gisant,
Sa pourpre de couleur de sang,
Et son glaive dans sa poitrine.

Je m'en suis si bien souvenu,
Que je l'ai toujours reconnu
À tous les instants de ma vie.
C'est une étrange vision,
Et cependant, ange ou démon,
J'ai vu partout cette ombre amie. [...]

> Musset, « La Nuit de décembre », *Poésies nouvelles*,
> éd. J. Bony, GF-Flammarion, 2000, p. 84-86, v. 1-66.

Questions

1. Quelle est la structure de ce poème ? Quel effet cela produit-il sur le lecteur ? Argumentez votre réponse.
2. Relevez le champ lexical des émotions. Quel rapport ces sentiments entretiennent-ils avec la folie ? Expliquez.
3. Quelles différences remarquez-vous entre le Horla et le double du poème de Musset ? Ces deux apparitions relèvent-elles de la même folie ? Justifiez votre réponse.

Mérimée, « La Vénus d'Ille », 1837

Dans sa nouvelle fantastique « La Vénus d'Ille », Prosper Mérimée raconte la découverte d'une statue de Vénus en bronze par l'archéologue M. de Peyrehorade. Son fils Alphonse, qui doit se marier le lendemain, glisse son alliance au doigt de la statue, en guise de plaisanterie. Au petit matin, Alphonse est retrouvé mort dans son lit nuptial. Le narrateur intrigué demande au procureur du roi[1] quelles sont les circonstances de ce décès mystérieux.

---

1. *Procureur du roi* : magistrat chargé de faire appliquer la loi et de représenter le ministère public pendant les procès.

«Avez-vous appris quelque chose de Mme Alphonse? demandai-je au procureur du roi, lorsque ma déposition fut écrite et signée.

– Cette malheureuse jeune personne est devenue folle, me dit-il en souriant tristement. Folle! tout à fait folle. Voici ce qu'elle conte:

Elle était couchée, dit-elle, depuis quelques minutes, les rideaux tirés, lorsque la porte de sa chambre s'ouvrit, et quelqu'un entra. Alors Mme Alphonse était dans la ruelle[1] du lit, la figure tournée vers la muraille. Elle ne fit pas un mouvement, persuadée que c'était son mari. Au bout d'un instant le lit cria comme s'il était chargé d'un poids énorme. Elle eut grand-peur, mais n'osa pas tourner la tête. Cinq minutes, dix minutes peut-être… elle ne peut se rendre compte du temps, se passèrent de la sorte. Puis elle fit un mouvement involontaire, ou bien la personne qui était dans le lit en fit un, et elle sentit le contact de quelque chose de froid comme la glace, ce sont ses expressions. Elle s'enfonça dans la ruelle tremblant de tous ses membres. Peu après, la porte s'ouvrit une seconde fois, et quelqu'un entra, qui dit: Bonsoir, ma petite femme. Bientôt après on tira les rideaux. Elle entendit un cri étouffé. La personne qui était dans le lit, à côté d'elle, se leva sur son séant[2] et parut étendre les bras en avant. Elle tourna la tête alors… et vit, dit-elle, son mari à genoux auprès du lit, la tête à la hauteur de l'oreiller, entre les bras d'une espèce de géant verdâtre qui l'étreignait avec force. Elle dit, et m'a répété vingt fois, pauvre femme!… elle dit qu'elle a reconnu… devinez-vous? La Vénus de bronze, la statue de M. de Peyrehorade… Depuis qu'elle est dans le pays, tout le monde en rêve. Mais je reprends le récit de la malheureuse folle. À ce spectacle, elle perdit connaissance, et probablement depuis quelques instants elle avait perdu la raison. Elle ne peut en aucune façon dire combien de temps elle demeura évanouie. Revenue à elle, elle revit le fantôme, ou la statue, comme elle dit toujours, immobile, les jambes et le bas du corps dans le lit, le buste et les bras étendus en avant, et entre ses bras son mari, sans mouvement. Un coq chanta. Alors la statue sortit du lit, laissa tomber le

1. *Ruelle*: espace situé entre le côté du lit et le mur.
2. *Se leva sur son séant*: s'assit.

cadavre et sortit. Mme Alphonse se pendit à la sonnette[1], et vous savez le reste.»

Mérimée, *La Vénus d'Ille*, éd. T. Ozwald, Flammarion, coll. «Étonnants Classiques», 2009, p. 76-77.

Questions

1. Quels éléments du discours du procureur laissent penser que Mme Alphonse a perdu la raison?

2. Selon vous, le procureur a-t-il raison de la considérer comme «folle», sans hésiter? Argumentez votre réponse. Pourquoi le fait-il?

3. Comparez l'emploi des pronoms personnels dans le texte de Mérimée et celui que recommande le texte de Tzvetan Todorov, p. 143-144. Qu'en pensez-vous?

Villiers de L'Isle-Adam, «Véra», 1874

Auguste Villiers de L'Isle-Adam est l'auteur des *Contes cruels*, recueil de nouvelles parmi lesquelles se trouve «Véra». Dans ce texte, le comte d'Athol perd sa chère épouse, avec laquelle il vivait un amour fusionnel. Désespéré, il décide de faire comme si Véra n'était pas morte. Il vit cloîtré chez lui, avec son domestique Raymond, et organise ses journées en cultivant l'illusion que sa femme est toujours vivante.

La gêne des premiers jours s'effaça vite. Raymond, d'abord avec stupeur, puis par une sorte de déférence[2] et de tendresse, s'était ingénié si bien à être naturel[3], que trois semaines ne s'étaient pas

---

1. *Se pendit à la sonnette* : tira violemment la corde de la sonnette.
2. *Déférence* : respect.
3. *S'était ingénié si bien à être naturel* : s'était donné du mal pour paraître naturel.

écoulées qu'il se sentit, par moments, presque dupe lui-même de sa bonne volonté. L'arrière-pensée pâlissait! Parfois, éprouvant une sorte de vertige, il eut besoin de se dire que la comtesse était positivement[1] défunte. Il se prenait à ce jeu funèbre et oubliait à chaque instant la réalité. Bientôt il lui fallut plus d'une réflexion pour se convaincre et se ressaisir. Il vit bien qu'il finirait par s'abandonner tout entier au magnétisme effrayant dont le comte pénétrait peu à peu l'atmosphère autour d'eux. Il avait peur, une peur indécise, douce.

D'Athol, en effet, vivait absolument dans l'inconscience de la mort de sa bien-aimée! Il ne pouvait que la trouver toujours présente, tant la forme de la jeune femme était mêlée à la sienne. Tantôt, sur un banc du jardin, les jours de soleil, il lisait, à haute voix, les poésies qu'elle aimait; tantôt, le soir, auprès du feu, les deux tasses de thé sur un guéridon, il causait avec l'*Illusion* souriante, assise, à ses yeux, sur l'autre fauteuil.

Les jours, les nuits, les semaines s'envolèrent. Ni l'un ni l'autre ne savait ce qu'ils accomplissaient. Et des phénomènes singuliers se passaient maintenant, où il devenait difficile de distinguer le point où l'imaginaire et le réel étaient identiques. Une présence flottait dans l'air : une forme s'efforçait de transparaître, de se tramer[2] sur l'espace devenu indéfinissable.

D'Athol vivait double, en illuminé. Un visage doux et pâle, entrevu comme l'éclair, entre deux clins d'yeux; un faible accord frappé au piano, tout à coup; un baiser qui lui fermait la bouche au moment où il allait parler, des affinités de pensées *féminines* qui s'éveillaient en lui en réponse à ce qu'il disait, un dédoublement de lui-même tel, qu'il sentait, comme en un brouillard fluide, le parfum vertigineusement doux de sa bien-aimée auprès de lui, et, la nuit, entre la veille et le sommeil, des paroles entendues très bas : tout l'avertissait. C'était une négation de la Mort élevée, enfin, à une puissance inconnue!

---

1. *Positivement* : réellement.
2. *Se tramer* : se dessiner.

Une fois, d'Athol la sentit et la vit si bien auprès de lui, qu'il la prit dans ses bras : mais ce mouvement la dissipa.

– Enfant ! murmura-t-il en souriant.

Et il se rendormit comme un amant boudé par sa maîtresse rieuse et ensommeillée.

Villiers de L'Isle-Adam, «Véra», *Véra et autres nouvelles fantastiques*, éd. Ph. Labaune, Flammarion, coll. «Étonnants Classiques», 2002, p. 29-30.

Questions

1. Le lecteur peut-il être amené à douter de la mort de Véra ? Selon vous, le comte est-il fou ou son épouse a-t-elle pu survivre d'une certaine manière ?

2. Relevez et commentez les passages du texte qui laissent supposer la folie du comte.

3. En quoi peut-on dire que le comte «vit double» ? Ce comportement n'est-il pas une façon de sombrer dans une solitude menant à la folie ? Argumentez votre réponse.

Mirbeau, *Les Vingt et Un Jours d'un neurasthénique*[1], 1901

L'écrivain, pamphlétaire, journaliste et critique Octave Mirbeau rencontra un succès considérable au XIXe siècle. Cultivant la provocation dans ses écrits, il dénonce avec ironie les travers de la société. *Les Vingt et Un Jours d'un neurasthénique*, aventures d'un dépressif en cure dans une ville d'eaux, tourne en dérision le traitement réservé par les spécialistes aux neurasthéniques et autres malades. Dans cet extrait, l'ami du neurasthénique, Clara Fistule, lui raconte l'une de ses entrevues avec un médecin.

---

1. *Neurasthénique* : dépressif.

«Donc, j'avais été envoyé à X... Le jour même de mon arrivée, je me rendis chez le docteur Fardeau-Fardat, à qui j'avais été spécialement recommandé... Un petit homme charmant, vif et gai, de parole exubérante, de gestes cocasses[1] et qui, néanmoins, donnait confiance.

Il m'accueillit avec une cordialité empressée et peu banale, et après m'avoir enveloppé des pieds à la tête d'un regard rapide :

"Ha! ha! fit-il... sang pauvre... poumons atteints?... neurasthénique?... alcoolique?... syphilitique[2]? Parfaitement... Voyons ça... voyons ça... Asseyez-vous..."

Et, durant qu'il cherchait je ne sais quoi parmi le désordre de son bureau, il interrogea, dans un petit rire sautillant, et sans me donner le temps de lui répondre :

"Hérédité déplorable?... Famille de tuberculeux[3]?... de syphilitiques?... Paternelle?... Maternelle?... Marié?... Célibataire?... Les femmes, alors... les petites femmes! Ah! Paris!... Paris!..."

Ayant trouvé ce qu'il cherchait, il recommença de m'interroger longuement, avec plus de méthode, m'ausculta minutieusement, mesura ma poitrine avec des gestes de tailleur, éprouva au dynamomètre[4] ma force musculaire, nota, sur un petit carnet, mes réponses et mes observations; puis brusquement, d'un air jovial :

"Avant tout... une question?... En cas de mort, ici... vous feriez-vous embaumer[5]?"

Je sursautai.

"Mais, docteur?...

– Nous n'en sommes pas là, corrigea cet aimable praticien... Diable... mais enfin...

– Je croyais... dis-je, un peu effaré... je croyais qu'on ne mourait jamais, à X...?

---

1. *Cocasses* : amusants.
2. *Syphilitique* : atteint de la syphilis, maladie sexuellement transmissible, qui peut causer des troubles psychiques.
3. *Tuberculeux* : atteint de la tuberculose, grave maladie infectieuse.
4. *Dynamomètre* : instrument qui sert à mesurer l'intensité des forces.
5. *Embaumer* : traiter un cadavre avec des substances pour le conserver.

– Sans doute… sans doute… En principe, on ne meurt pas ici… Mais enfin… un hasard… une malchance… une exception… vous admettrez bien une exception?… Vous avez quatre-vingt-dix-neuf chances sur cent de ne pas mourir ici… c'est entendu… Donc?…

– Donc… il est inutile de parler de cela, docteur…

– Pardon… fort utile, au contraire… pour le traitement… diable !

– Eh bien, docteur, si, par extraordinaire et pour cette fois seulement, je venais à mourir ici… non, je ne me ferais pas embaumer…

– Ah ! ponctua le docteur… Vous avez tort… parce que nous avons un embaumeur étonnant… merveilleux… génial… Occasion unique, cher monsieur… Il prend très cher… mais c'est la perfection. Quand on est embaumé par lui… c'est à se croire encore vivant… Illusion absolue… à crier… Il embaume… il embaume !!!"

Et, comme je secouais toujours la tête pour exprimer un refus énergique :

"Vous ne voulez pas?… Soit… Ce n'est pas l'embaumement obligatoire, après tout…"

Sur la page du carnet où il avait consigné toutes les observations qui avaient trait à ma maladie, il inscrivit au crayon rouge et en grosses lettres : "Pas d'embaumement", puis il rédigea une interminable ordonnance qu'il me remit en me disant :

"Voilà… Traitement sérieux… J'irai vous voir tous les jours, et même deux fois par jour."

Et, me serrant chaleureusement les mains, il ajouta :

"Bast[1] !… au fond… vous avez bien fait… À demain…"

Je dois dire que, peu à peu, je pris goût à ses soins ingénieux et dévoués. Son originalité, sa gaieté inaltérable[2], spontanée et parfois un peu macabre, m'avaient conquis. Nous devînmes d'excellents et fidèles amis.

Six ans après, un soir qu'il dînait chez moi, il m'apprit que j'étais définitivement guéri avec une joie tendre qui me toucha jusqu'au fond du cœur…

---

1. *Bast !* : il suffit !
2. *Inaltérable* : indestructible.

"Et vous savez?... me dit-il... vous êtes revenu de loin, mon cher... Ah! sapristi!

– J'étais très, très malade, n'est-ce pas?...

– Oui... mais ce n'est pas cela... Vous rappelez-vous quand j'insistai tellement pour que vous vous fissiez embaumer?

– Certes...

– Eh bien, si vous aviez accepté, mon cher ami... vous étiez un homme mort...

– Allons donc!... Et pourquoi?...

– Parce que..."

Il s'interrompit tout à coup... devint grave et soucieux durant quelques secondes... Et sa gaieté revenue :

"Parce que... les temps étaient durs alors... et il fallait vivre... En avons-nous embaumé de ces pauvres bougres... qui seraient, aujourd'hui... vivants comme vous et moi!... Qu'est-ce que vous voulez?... La mort des uns... c'est la vie des autres..."

Et il alluma un cigare.»

Mirbeau, *Les Vingt et Un Jours d'un neurasthénique*,
Éditions du Boucher, 2003, p. 48-50 [livre numérique].

Questions

1. Relevez tous les éléments surprenants dans l'entretien du médecin et du patient. Dans ce passage, l'attitude du docteur vous semble-t-elle conforme à sa profession? En quoi manque-t-il de tact et de psychologie?

2. Relevez les traits d'humour employés par Octave Mirbeau. À part susciter le rire, quelle fonction a le comique dans cet extrait?

3. Que critique Octave Mirbeau dans ce texte? Sa dénonciation est-elle toujours valable aujourd'hui? Argumentez et illustrez votre réponse.

Histoire des arts

Magritte, *La Reproduction interdite*, 1937, cahier photos, p. 3

L'artiste belge René Magritte (1898-1967) est l'une des figures du surréalisme, mouvement artistique qui se propose de libérer l'art et d'explorer l'inconscient, le rêve et l'imaginaire par des jeux inédits sur les codes de la représentation. Dans *La Reproduction interdite*, avec une précision digne d'un peintre réaliste, Magritte représente un reflet problématique.

Observez attentivement *La Reproduction interdite* de René Magritte, puis répondez aux questions.

   1. Qualifiez votre première impression à la vue de ce tableau. Expliquez-la et précisez pourquoi vous avez éprouvé tel ou tel sentiment.

   2. Quelle anomalie physique relève-t-on sur cette toile? À quel(s) élément(s) du tableau cette caractéristique s'applique-t-elle?

   3. Quel rapport existe-t-il entre cette œuvre et le fantastique tel que Maupassant le conçoit?

   4. Quel sens donner au fait que l'on ne voit pas le visage de cet homme?

   5. Dans le contexte de cette scène, qui peut être conduit à se demander «suis-je fou»? Le personnage du tableau, le spectateur...? Pourquoi?

Éric Puech et Frédéric Bertocchini, *Le Horla*, Les Éditions du Quinquet, 2012, cahier photos, p. 8

Observez attentivement l'extrait de l'adaptation en bande dessinée du «Horla» par Éric Puech et Frédéric Bertocchini, puis répondez aux questions.

1. Quelle expression a le visage du personnage sur les trois vignettes ? Quelle évolution remarquez-vous entre la première et la troisième image ?
2. Comment le Horla est-il représenté ?
3. Commentez le jeu de lumière.

Cet ouvrage a été mis en pages par

\<pixellence\>

N° d'édition : L.01EHRN000529.N001
Dépôt légal : août 2017
Imprimé en Espagne par Novoprint (Barcelone)